モデル規程とチェックシートで総点検！

従業員の育児・介護の制度マニュアル

OURS小磯社会保険労務士法人 編

労務行政

はしがき

　妊娠・出産・育児・介護については、育児・介護休業法のほか、労働基準法、男女雇用機会均等法等の各法律においてさまざまな措置の定めがなされており、それらの措置が就業規則、育児休業規程、介護休業規程など複数の規程にわたって定められていることが多く、規定している箇所を見つけにくいケースが見受けられます。日々社会保険労務士として企業の人事担当者のご相談に乗っている中で、その煩雑さを解消できないかと思うことが多くありました。

　今回本書を執筆するに当たり、それらの措置をひとまとめにして一つの規程で確認ができるように「モデル規程」を作成し、併せて解説を加えました。さらに、「チェックリスト」で規定漏れがないかどうか、また「手続きチェックシート」で時期ごとの細かな手続き等の確認ができるようにしました。

　妊娠・出産・育児・介護休業関係の規程を作成または改定されるとき、必要な措置を確認されるときおよび手続きを確認する場合などで、本書が皆様のお手元でお役に立てれば幸いです。

　最後に、発刊に当たり非常にご尽力を頂きました一般財団法人労務行政研究所 編集部 原 健氏、服部理香氏には、弊法人の執筆を担当しましたメンバー一同とともに、心より御礼申し上げます。

　平成30年10月

　　　　　　　　　　　　　OURS小磯社会保険労務士法人代表社員
　　　　　　　　　　　　　　特定社会保険労務士　小磯優子
　　　　執筆担当メンバー　リーダー　社会保険労務士　高橋克郎
　　　　　　　　　　　　　　特定社会保険労務士　秋澤康弘
　　　　　　　　　　　　　　特定社会保険労務士　中村寿恵
　　　　　　　　　　　　　　特定社会保険労務士　田中双美

★本書の目的

○社内人事制度の検討、就業規則の改定作業を行う際の「基準」となる
　「子育て・介護関連規程」（モデル規程）を逐条解説
○産前産後休業から復職後措置まで、子育て関係の規程を「一本化」（介
　護関連規定を含む）
○担当者向けの「チェックリスト」「手続きチェックシート」を網羅

　育児・介護休業法を中心とした育児・介護関連の法律は、近年の少子
化対策や介護離職防止の行政施策のため、大規模な改正を頻繁に行って
います。また働き方の多様化、労働者意識の変化からも企業にとって注
目度の高い育児・介護制度を漏れなく、より充実させていくことは重要
なミッションになっています。

　本書は会社の人事部門で働く方で特に出産育児関係のご担当者、人事
制度設計、就業規則等規程のご担当者に向けて、法律上求められる必要
最低限の内容を網羅した「基準」となるモデル規程をベースとして逐条
解説を行うことで、制度のポイントとなる部分を理解していただく目的
で執筆しました。自社の制度を整備、構築する際のベースとしてご使用
ください。

　加えて、モデル規程をベースにしたチェックリストと社会保険、労働
保険関係の手続きを網羅したチェックシートを準備しました。実務をご
担当されている方にはこちらもご利用いただければ幸いです。

★本書の構成

[改正年表]：育児・介護休業法の改正の歴史を年表にして解説します。

第1章：就業規則と育児・介護休業規程の統合に関して解説します。

第2章：モデル規程の逐条解説を行います。

第3章：不利益取扱いとハラスメント防止措置についてモデル規程の持つ役割を中心に解説します。

第4章：実務担当者向けのチェックリスト、社会保険・労働保険関係の手続きチェックシートをご提示します。

第5章：巻末資料

略称一覧表

労基法	労働基準法
女性則	女性労働基準規則
健保法	健康保険法
厚年法	厚生年金保険法
雇保法	雇用保険法
均等法	雇用の分野における男女の均等な機会及び待遇の確保等に関する法律
均等通達	改正雇用の分野における男女の均等な機会及び待遇の確保等に関する法律の施行について（平18.10.11　雇児発1011002、最終改正：平28.8.2　雇児発0802第1）
均等指針	労働者に対する性別を理由とする差別の禁止等に関する規定に定める事項に関し、事業主が適切に対処するための指針（平18.10.11　厚労告614、最終改正：平27.11.30　厚労告458）
育介法	育児休業、介護休業等育児又は家族介護を行う労働者の福祉に関する法律
育介則	育児休業、介護休業等育児又は家族介護を行う労働者の福祉に関する法律施行規則
育介通達	育児休業、介護休業等育児又は家族介護を行う労働者の福祉に関する法律の施行について（平28.8.2　職発0802第1・雇児発0802第3、最終改正：平29.9.29　雇均発0929第3）
育介指針	子の養育又は家族の介護を行い、又は行うこととなる労働者の職業生活と家庭生活との両立が図られるようにするために事業主が講ずべき措置に関する指針（平21.12.28　厚労告509、最終改正：平29.9.27　厚労告307）
平成22年改正育介法Q＆A	改正育児・介護休業法に関するQ＆A（平成22年2月26日版）
平成28年改正育介法Q＆A	平成28年改正法に関するQ＆A（平成30年5月15日更新）

【目　次】

育児・介護休業法の改正年表　013

第1章　就業規則と育児・介護休業規程の統合（新規程の作成）　019

第2章　モデル規程の逐条解説　029

1 出産前から産前産後休業　030

第1条（目的）　030

第2条（妊産婦の就業制限および妊娠中の軽易な業務への転換）　031

第3条（生理休暇）　033

第4条（母性健康管理の措置）　036

第5条（妊産婦の労働時間等）　040

第6条（産前産後の休業）　043

第7条（出産に関する特別休暇）　048

2 育児休業　050

第8条（育児休業の対象者）　050

第9条（育児休業の申出の手続き等）　067

第10条（育児休業の申出の撤回等）　077

第11条（育児休業の期間等）　081

3 介護休業 — 093

- 第 12 条（介護休業の対象者） — 093
- 第 13 条（介護休業の申出の手続き等） — 101
- 第 14 条（介護休業の申出の撤回等） — 107
- 第 15 条（介護休業の期間等） — 112

4 休業以外の措置（休暇） — 122

- 第 16 条（子の看護休暇） — 122
- 第 17 条（介護休暇） — 132
- 第 18 条（育児目的休暇） — 137

5 休業以外の措置（各種制限） — 139

- 第 19 条（育児・介護のための所定外労働の制限） — 139
- 第 20 条（育児・介護のための時間外労働の制限） — 147
- 第 21 条（育児・介護のための深夜業の制限） — 156

6 休業以外の措置（短時間勤務等） — 164

- 第 22 条（育児時間） — 164
- 第 23 条（育児短時間勤務） — 166
- 第 24 条（介護短時間勤務） — 178

7 その他雑則 — 186

- 第 25 条（年次有給休暇に関する事項） — 186
- 第 26 条（給与等の取扱い） — 192
- 第 27 条（介護休業期間中の社会保険料の取扱い） — 196
- 第 28 条（円滑な取得および職場復帰支援） — 198
- 第 29 条（復職後の勤務） — 200
- 第 30 条（禁止行為） — 201

第 31 条（懲戒）……………………………………………… 202

第 32 条（相談および苦情への対応）……………………… 203

第 33 条（再発防止の義務）………………………………… 207

第 34 条（法令との関係）…………………………………… 209

第 **3** 章 不利益取扱いとハラスメント防止措置に係る子育て・介護関連規程の役割 211

第 **4** 章 モデル規程・労使協定例に基づくチェックリストおよび育児・介護の制度に関する手続きチェックシート 223

1 モデル規程・労使協定例に基づくチェックリスト 224

2 育児・介護の制度に関する手続きチェックシート 234

第5章 巻末資料　257

1. モデル規程［子育て・介護関連規程］ 258

2. 様式例 282

3. 育児・介護休業等に関する労使協定の例 295

4. 妊産婦等の就業制限の業務の範囲 296

5. 母性健康管理指導事項連絡カード 297

6. 常時介護を必要とする状態に関する判断基準 299

ご購入者特典

本書をご購入いただくと、すぐに使えるモデル規程・手続きチェックシートや社内様式がダウンロードできます。

収録されている図表のうち左記のマークが付いているものについて、WEBサイトからダウンロードしてください。

ダウンロードの方法について

株式会社労務行政（https://www.rosei.jp/）の下段にある「ご購入特典ダウンロード集」のバナーをクリックしてください。画面上でダウンロードまでの流れをご覧いただくことができますので、その内容に沿ってお手続きください。

※ダウンロードには、サイトへの会員登録（無料）が必要となります。

ご購入者特典　パスワード

w p 4 t 3 a 8

育児・介護休業法の改正年表

　育児・介護休業法は、平成４年に「育児休業に関する法律」として
施行された後、介護休業の義務化、育児休業期間の延長、期間雇用者
への適用拡大等、段階的に制度が変更され、改正を重ねてきました。
　改正内容について、ポイントをまとめた年表を作成しましたので、
現制度への理解に役立てるとともに、会社の制度・規程が改正内容に
則したものとなっているか、確認いただければと思います。

■育児・介護休業法年表

1992（H4）4.1	1995（H7）10.1	1999（H11）4.1
育児休業等に関する法律（育児休業法）施行 ※30人以下の事業所（1995.4.1施行）	「育児休業等育児又は家族介護を行う労働者の福祉に関する法律」に法律名変更	育児休業、介護休業等育児又は家族介護を行う労働者の福祉に関する法律（育介法）施行
• 育児休業期間、子が1歳に達するまで 期間雇用者適用除外 • 勤務時間短縮等措置、子が1歳に達するまで	• 介護休業新設（努力義務）期間雇用者適用除外 • 介護休業期間は対象家族1人につき1回限り連続3カ月（勤務時間短縮等措置含む）	• 介護休業義務化 • 深夜業の制限規定新設、制限期間は小学校就学前まで ※労基法に定められていた女性の深夜業の規制を廃止したための改正

他の法改正

1993 パートタイム労働法施行	**1994** 労基法施行（休日割増賃金が25%以上から35%以上へ）	**1997** 均等法改正 **1998** 労基法改正

出来事

1992.9 日本人宇宙飛行士毛利衛さん宇宙へ **1993.8** 細川内閣発足	**1995.1** 阪神・淡路大震災 **1995.3** 地下鉄サリン事件	**1998.2** 長野五輪開催 **1998.6** サッカーワールドカップに日本初出場

2001（H13）11.16	2002（H14）4.1

- 解雇等不利益取扱い禁止拡大

※休業を申出し、または休業したことを理由とする解雇の禁止に加え、その他不利益取扱い禁止

※不利益取扱いの禁止項目は労働契約の変更の強要など7項目（現在11項目）

- 勤務時間短縮措置等、子3歳未満に拡大
- 時間外労働制限新設、制限期間は小学校就学前まで
- 子の看護休暇新設（努力義務）

2001
個別労働紛争解決促進法成立

2003
次世代育成支援対策推進法成立

2000.9
三宅島噴火全島避難
2001.4
小泉内閣発足

2002.5
サッカーワールドカップ日韓共同開催

育児・介護休業法の改正年表　015

2005（H17）4.1	2009（H21）9.30	2010（H22）6.30
• 育児休業、子が1歳6カ月まで延長可能 • 育児休業・介護休業の対象拡大（要件該当の有期雇用者） • 子の看護休暇義務化 • 介護休業通算制度導入（93日まで）※ ※異なる要介護状態の場合に限る	• 紛争解決の援助制度新設 • 企業名公表制度新設 • 過料制度新設	• 育児休業専業主婦（夫）除外規定廃止 • 産後8週間以内の育児休業再取得可能 • パパママ育休プラス制度新設 • 育児所定外労働の制限、育児短時間勤務制度新設※ ※1日6時間を含む • 介護休暇新設

他の法改正

2005 障害者自立支援法（現障害者総合支援法）成立	**2008** 労契法施行	**2010** 労基法施行（時間単位年休）専門26業務派遣適正化プラン策定

出来事

2004.8 アテネ五輪で北島康介選手が二冠達成 **2005.11** 紀宮さまご結婚	**2009.8** 民主党政権成立 **2009.11** 事業仕分け実施	**2010.9** 尖閣諸島中国漁船衝突 **2011.3** 東日本大震災

2017（H29）1.1	2017（H29）10.1

- 育児休業の対象の子の範囲拡大
- 期間雇用者の育児・介護休業取得要件緩和
- 子の看護休暇・介護休暇、半日単位の取得可能
- 介護休業が分割取得可能※
  ※対象家族1人通算93日まで3回を上限
- 介護休業の対象家族の拡大
- 介護短時間勤務等制度、利用開始から3年間で2回以上の利用可能
- 介護所定外労働の制限の新設
- 妊娠・出産・育児休業・介護休業等に関するハラスメントに適切に対応するための雇用管理上の措置の義務化

- 育児休業、子が2歳まで延長可能
- 育児休業制度の個別周知（努力義務）
- 育児目的休暇の新設（努力義務）

2017
働き方改革実行計画決定
労働時間適正把握ガイドライン公表

2018
労契法に基づく
無期転換開始

2016.4
熊本地震発生
2016.11
トランプ大統領誕生

2017.6
天皇退位特例法成立
2017.6
藤井聡太棋士が
公式戦29連勝

育児・介護休業法の改正年表　017

第1章

就業規則と育児・介護休業規程の統合（新規程の作成）

❯ 妊娠から出産・育児および介護休業制度に関する規則の一本化 ─

　近年、少子化の深刻化や共働きの核家族家庭の子育て、高齢世帯の介護にかかる負担が社会問題化する中で、育児（妊娠や出産を含む）制度および介護制度に対する注目度はますます高まっています。それに伴って法改正や制度変更も頻繁に行われており、人事担当者にとっては、法律改正を追いかけながらの社内制度構築に、大変な時間と労力を要しているのではないでしょうか。

　また、法制度の理解を難しくする要因の一つとして、妊娠・出産・育児および介護に関する制度が多くの法律にまたがって構成されていることが挙げられます。

　例えば母性保護や妊娠・出産および産後休業までに適用される法規制および制度は、労基法もしくは均等法に規定されており、多くの会社では就業規則本則に条文を設けています。

　一方で、育児休業開始以降の制度は育介法に規定されていることから、育児・介護休業規程として別規則とされていることが多く、制度を包括的に理解しようとすると、就業規則本則と育児・介護休業規程の両方を参照する必要があり、非常に煩雑です。

　また上記のほか、社会保険、雇用保険に係る行政手続き制度では、さらに健保法、厚年法、雇保法も関連します。

妊娠・出産・育児・介護に関連する法律

妊娠・出産・産後	育児	介護
労働基準法		
男女雇用機会均等法		
健康保険法		
厚生年金保険法		
	育児・介護休業法	
	雇用保険法	

本書は企業人事部門の育児・介護休業担当者や人事制度策定の担当者向けに、難解と思われる箇所や誤認しやすい部分をモデル規程の逐条解説という形でわかりやすく伝えることが目的ですが、併せて、複数の規程にまたがって記載されている制度を再構成して、1本の規程に統合することを提案します。

　統合後のひな型として示したモデル規程は、労働者も読みやすく、理解のしやすいものとなることを目指して、また人事担当者にとっても自社の制度を説明する際に各種手続きや案内の漏れ防止になるよう検討しました。規程のスリム化、簡易化を検討中の方はぜひ活用いただければと思います。

　以下、モデル規程の逐条解説の前に、就業規則と育児・介護休業規程の統合方法について解説していきたいと思います。

　本書では統合と解説のためのベース規程として厚生労働省のHPに掲載されている以下の規程を利用していますので、作業の前に参照ください。

・モデル就業規則

http://www.mhlw.go.jp/stf/seisakunitsuite/bunya/koyou_roudou/roudoukijun/zigyonushi/model/index.html

・育児・介護休業等に関する規則の規定例

http://www.mhlw.go.jp/bunya/koyoukintou/pamphlet/35.html

　なお、ご提案するモデル規程は上記をベースに作成し、一部内容の変更を行っています。変更は規程の統合という目的の上で、必要とされる限りにおいて行い、法律上で必要とされる最低限の規定を網羅しています。

※モデル規程の中で法律の規定を上回った措置を講じている箇所については解説の都合上、削除・変更している場合がありますので、ご留意願います。

● 就業規則と育児・介護休業規程の統合に必要な作業 ────

①就業規則本則からの必要条文の抜粋

②就業規則と育児・介護休業規程との重複箇所の確認

③条文の再構成

④就業規則変更に関する各種手続きの実施

①就業規則本則からの必要条文の抜粋

統合はモデル就業規則の妊娠・出産に関する条文を抜粋することから開始します。抜粋した条文は育児・介護休業規程に統合しますが、この際、条文の並び順の入れ替え、重複箇所などの削除・修正をして、妊娠から出産・育児・復職後措置および介護関連制度を網羅したモデル規程として再構成します。これにより出産・育児に関わる規程を一本化するとともに、育児関係と同じ法律で規定され、法律構成の似通った介護関連制度も網羅することになります。

以下に厚生労働省モデル就業規則に含まれている妊娠・出産関係の条文を抜粋しましたので、自社の就業規則に照らして確認してください。

なお、就業規則本文から該当条文を完全に削除して新規程に移行してしまうと就業規則本則が不完全なものとなってしまう場合があるため、就業規則本則の規定は残しながら、妊娠・出産に関する条文を抽出して新規程にも併せて掲載する形で移行することをお勧めします。

▶ 厚生労働省モデル就業規則中の、妊娠・出産・育児に関する条文

第14条　妊娠・出産・育児休業・介護休業等に関するハラスメントの禁止

第22条　年次有給休暇

第24条　産前産後の休業※

※産前産後休業は会社によって特別休暇もしくは休職として規定されていることもあります。

第25条　母性健康管理の措置

第26条　育児時間および生理休暇

第27条　育児・介護休業、子の看護休暇等

第28条　慶弔休暇

第41条　休暇等の賃金

第46条　賃金の非常時払い

第47条　昇給

第48条　賞与

第50条　退職

第64条　懲戒の事由

　子育て関係の規定に直接関係がなくても、運用上間違いの生じやすい部分や人事担当者として把握すべき内容に関しては、併せて抜粋して規定化すると有用です。年次有給休暇、賞与や昇給などは、一見すると妊娠・出産に関わる規定とは思われませんが、実務上は非常に大事な要素となりますので、第2章以降の逐条解説で理解を深めていただければと思います。

　一方、懲戒規定などハラスメント防止措置関連の規定は、就業規則のみ規定しているケースもあろうかと思いますが、育児関連の制度の網羅を考えるのであれば、子育て・介護関連規程にも重複して規定しておくほうが有用かと思います。

　また、上記規定に加えて、本書では子育て関係制度を網羅するため、厚生労働省の規程例には含まれていない以下の法規定にかかる条文を追加しています。

・労基法64条の3　危険有害業務の就業制限

・労基法65条　産前産後（軽易な業務への転換）

・労基法66条　妊産婦の労働時間等

この内容は今回ベースにしている厚生労働省のモデル就業規則、育児・介護休業規程のいずれにも含まれていない内容ですが、人事担当者にとっては盲点となりがちな制度ですから、併せて明文化されることをお勧めします。なお、坑内業務に関する就業制限は近年対象者が少ないことから割愛しています（前記追加部分の明文化は必ずしも必須ではありませんので、不要と判断された場合は削除してください）。

②就業規則と育児・介護休業規程との重複箇所の確認

就業規則本則からの抜粋が済んだら、次は自社の育児・介護休業規程との統合を行います。この際注意すべきなのは、年次有給休暇や特別休暇等の規定に関しては、就業規則と育児・介護休業規程の条文内容が重複しているケースがあることです。規程統合の際は重複箇所を確認、把握した上で、両規程に矛盾が生じないように統合、削除して、必要な条文を確定します。

なお、不利益取扱い、ハラスメント防止措置については本書でも解説のページを設けていますが、単に規程上に特定の文言を規定しておくだけでなく、運用が重要となりますので、併せて確認してください。

③条文の再構成

必要な条文を確定したら、規程の構成を検討します。出産・育児関係の制度は、基本的に妊娠⇒出産⇒育児休業⇒復職と時系列に規定すると理解しやすいため、新規程としてもそのように調整します。介護関連の制度については育児休業に並べて介護休業の規定を設け、その他休業以外の措置等、育児関係の制度と共通の事項については、条文を一本化して規定しています。

モデル規程では下記のように整理して構成しました。

1. 労基法・均等法に規定される母性保護規定
   ※生理休暇、母性健康管理措置、産前産後休業等

2. 育児休業に係る規定

3. 介護休業に係る規定

4. 休業以外の措置に係る規定（育児・介護共通）

5. その他雑則

6. 不利益取扱い・ハラスメント防止措置関連規定

　第2章の逐条解説はこの構成に合わせています。なお、巻末に子育て・介護関連規程全文と社内申出書等の様式を掲載しましたので、併せて参照ください。

▶介護休業に関する規定

　育児休業制度と比較すると利用者の少ない介護休業制度ですが、近年は高齢化の進展により介護対象となる世代の人口が増えたことから、平成29年1月に介護休業の対象家族の範囲を広げ、取得日数や対象期間の拡大を伴う法改正（改正年表参照）が行われました。これにより、今後介護休業・介護休暇、短時間勤務措置等を申出する労働者が増えてくることが予想されます。

　介護休業制度は法律構成上で育児休業に関する規定を参照する箇所が多く、育児休業制度の仕組みを理解することが介護休業制度の把握にもつながります。ただ介護休業制度が育児休業制度と大きく異なる点として、対象家族が生じた時点で最初から複数の制度を利用する選択肢があることです。育児休業制度はおおよそ妊娠から出産・育児・復職までを順にたどって制度を利用するため、人事担当者も労働者への案内がしやすいですが、介護に関しては制度のラインナップを示して、本人に最も適切な制度を選択してもらう必要があります。その点で、育児以上に漏れのない案内をするよう注意しなければなりません。

▶再構成後の条文一覧

○出産前から産前産後休業

第1条　　（目的）

第2条　　（妊産婦の就業制限および妊娠中の軽易な業務への転換）

第3条　　（生理休暇）

第4条　　（母性健康管理の措置）

第5条　　（妊産婦の労働時間等）

第6条　　（産前産後の休業）

第7条　　（出産に関する特別休暇）

○育児休業

第8条　　（育児休業の対象者）

第9条　　（育児休業の申出の手続き等）

第10条　　（育児休業の申出の撤回等）

第11条　　（育児休業の期間等）

○介護休業

第12条　　（介護休業の対象者）

第13条　　（介護休業の申出の手続き等）

第14条　　（介護休業の申出の撤回等）

第15条　　（介護休業の期間等）

○休業以外の措置（休暇）

第16条　　（子の看護休暇）

第17条　　（介護休暇）

第18条　　（育児目的休暇）

○休業以外の措置（各種制限）

第19条 　（育児・介護のための所定外労働の制限）

第20条 　（育児・介護のための時間外労働の制限）

第21条 　（育児・介護のための深夜業の制限）

○休業以外の措置（短時間勤務等）

第22条 　（育児時間）

第23条 　（育児短時間勤務）

　　　　　※育児短時間勤務の代替措置規定

　　　　　（育児フレックスタイム制）

　　　　　（育児のための時差出勤の制度）

　　　　　（保育施設の設置運営その他これに準ずる便宜の供与）

第24条 　（介護短時間勤務）

　　　　　※その他選択可能な措置

　　　　　（介護フレックスタイム制）

　　　　　（介護のための時差出勤の制度）

　　　　　（介護サービス利用の費用助成）

○その他雑則

第25条 　（年次有給休暇に関する事項）

第26条 　（給与等の取扱い）

第27条 　（介護休業期間中の社会保険料の取扱い）

第28条 　（円滑な取得および職場復帰支援）

第29条 　（復職後の勤務）

第30条 　（禁止行為）

第31条 　（懲戒）

第32条 　（相談および苦情への対応）

第33条 　（再発防止の義務）

第34条 　（法令との関係）

④就業規則変更に関する各種手続きの実施

　新規程の内容も労働条件を規定する就業規則の一環として取り扱う必要がありますので、改定後は所定の就業規則の変更に係る手続きが必要となります。改定作業が完了した後に、以下の手順で手続きを行ってください。

1. 改定作業完了・個別同意書の受領

　　※改定内容が労働者にとって不利益な変更となる場合は、代替となる制度の策定、労働組合との協議、個別の労働者の同意を得る等の対応を行った上で、以下の手続きを行ってください。

2. 労働者代表の選任、意見聴取

3. 労働者への周知・事業場への掲示

4. 所轄労働基準監督署へ就業規則変更届を提出

　以上が規程の一本化に係る作業です。それでは、次章から再構成したモデル規程を条文ごとに解説していきます。

第2章

モデル規程の逐条解説

　本章から、第1章の手順で作成したモデル規程の逐条解説（条文一つひとつを解説すること）をしていきます。解説は以下のような構成で行います。

■概要
　該当条文の目的、効果等の基本的事項を解説します。

■条文解説
　条文上でポイントとなる単語、文章等の一部を切り取ってその意味や法律根拠を解説します。

■実務ポイント・事例
　該当条文に係る実務事例や注意点を説明します。

■規定バリエーション
　モデル規程をベースに独自制度として検討される規定例をご提案します。

出産前から産前産後休業

モデル規程①

目的

第1条
　この規程は就業規則と相まって、当社で就労する従業員が安心して出産・育児または介護と仕事を両立することができるように、子育て、介護に関連する各種制度を規定したものである。

▶ 概要

　第1条には規程を制定した目的、制度に関する会社の方針等を明記することが一般的です。単に子育て・介護に関する制度を明記したものであるという目的を規定するだけでも構いませんし、制度に対する会社の方針等を労働者へ明示することも可能です。

　ある程度自由に規定して差し支えありませんので、会社にあった内容を検討ください。

▶ 規定バリエーション

適用範囲の明記

　非正規雇用や短時間勤務者については、制度の利用を一部制限する等正社員と取扱いを異にする規定を設けていることが考えられますが、その場合は、次ページのように適用範囲を規定し、対象者を明確にする必要があります。当然に法律上認められる権利に関しては確実に全員に適用しておかなければならないため、主に会社独自の制度や法規定以上の制度を認めている場合などがそれに該当します。

　なお、今後の法改正を鑑みると、期間雇用者（パートタイマーを含む）の利用可能な育児制度の範囲を正社員に比して限定することが不合理な労働条件の差別とならないように十分配慮する必要があろうかと思

います（平成30年9月時点）。

バリエーション例

第1条
1. この規程は就業規則と相まって、当社で就労する従業員が安心して出産・育児または介護と仕事を両立することができるように、子育て、介護に関連する各種制度を規定したものである。
2. 本規程の第○条、第○条および第○条は契約社員およびパートタイマーには適用しない。

モデル規程②

妊産婦の就業制限および妊娠中の軽易な業務への転換

第2条
1. 妊娠中および産後1年を経過しない女性従業員には、重量物を取り扱う業務、有害ガスを発散する場所における業務その他妊産婦の妊娠、出産、哺育等に有害な一定の業務を命じない。
2. 妊娠中の女性従業員が請求した場合は、他の軽易な業務に転換する場合がある。

▶ 概要

　労基法では女性および妊産婦について、就業を制限する業務を規定しています。64条の2は女性の坑内労働を原則禁止とする規定、64条の3は妊産婦について一定の業務への就労禁止を規定しています。坑内労働は近年適用対象者が少ないため、モデル規程では64条の3にかかる条文のみ規定しています（労基法64条の2、64条の3）。

第2章　モデル規程の逐条解説　031

▶ 条文解説

第1項

▶ 妊娠中および産後1年を経過しない女性従業員

労基法ではこの規定に該当する女性労働者を「妊産婦」と定義しており、妊産婦には本規定のほか、66条で変形労働時間制の適用の制限、時間外労働、休日労働または深夜業の禁止について規定しています（P.40参照）。

▶ 重量物を取り扱う業務

重量物を取り扱う業務は次のような解釈例規が示されています。

「本業務に係る規定では、作業方法について明確に規定はないが、取扱いの方法の健康に及ぼす影響と規定の趣旨から『取り扱う』とは、直接に重量物を担う場合をいい、押す場合は含まれないと解される」

▶ その他妊産婦の妊娠、出産、哺育等に有害な一定の業務

有害な業務の範囲、およびこれらの業務に就かせてはならないものの範囲は、女性則2条および労基法64条の3第3項の規定により［**図表1**］のように定められています。

図表1 女性労働者に対する就業制限

（×は就業禁止）

種　類		一般女性	妊娠中	産後1年以内
坑内業務	掘削業務等	×	×	×
	坑内管理監督業務等	○	×	申出により×
危険有害業務	女性の就業禁止業務（重量物取扱い等）	2業務×	2業務×	2業務×
	妊産婦の就業制限業務（上記2業務を除く）	○	22業務×	20業務×（うち19業務は要申出）
軽易な業務への転換		規定なし	請求により転換	規定なし

※制限業務の詳細は、第5章巻末資料を参照ください。

第2項

▶ **妊娠中の女性従業員**

　労基法に規定する出産の範囲は妊娠4カ月以上の分娩とされていますが、「妊娠中」という文言のとおり、本規定の適用については妊娠4カ月以上であることは要しないこととされています。

▶ **他の軽易な業務**

　女性労働者が請求した場合を条件として、当該女性労働者の請求した業務に転換させることが趣旨と考えられていますが、新たに軽易な業務を創設して与える義務まで課したものではありません（昭61.3.20　基発151・婦発69）。

❯ 実務ポイント・事例

他に軽易な業務がない場合の休業手当の支払い

　客観的に転換すべき軽易な業務がない場合は、前述のとおり新たに軽易な業務を創設する必要まではないため、やむを得ず当該女性労働者が休業となる場合があります。この場合に休業手当の支払いの必要が生じるかが問題となります。

　この点、法律（行政通達）が新たな業務の創設までを事業主に課していないことから、対象女性労働者が自ら転換業務を指定しておらず、かつ客観的に見て軽易な業務がなければ、それにより生じる休業について事業主に休業手当の支払い義務はないものと解することができます。

モデル規程③

生理休暇

第3条

1. 生理日の就業が著しく困難な女性従業員から請求があったときは、必要な期間休暇を与える。
2. 生理休暇の取得期間は無給とする。

▶ 概要

　生理休暇は労基法の「第6章の2　妊産婦等」に規定される女性（母性）保護制度で、生理中の身体的負担が著しい労働者について、その請求に基づき生理日の労働義務が免除されることを定めたものです。

　生理休暇は「生理である」ことをもって労働の義務が免除されるものではなく、あくまで「生理日の就業が著しく困難な状態にある」女性が「請求した場合」に適用となる制度であるため、労働者本人からの自己申告に基づく運用が必要となります（昭61.3.20　基発151・婦発69）。

　なお、有給、無給の別については法律上の規定がありませんので、就業規則等により任意に定めることができます。

▶ 条文解説

┃第1項┃

▶ 生理日の就業が著しく困難な

　前述のとおり、生理休暇は生理日であることをもって労働義務が免除されるわけではなく、あくまで「就業が著しく困難」であることが必要となります。とはいえ、生理日において下腹痛、腰痛、頭痛等の苦痛が強度であるかどうかは個人差が大きく、また医学的な調査等も困難であるため、「著しく困難」の定義は不明確なものといえます。

　この点について休暇取得までの手続きを厳格にしすぎると、突発的な性質を持つ休暇としての利用ができず、法制度の趣旨が達せられないこととなりますので、原則として特別な証明がなくても女性労働者の請求があった場合には認めることとし、仮に証明を求めるべき必要があると思われる場合も、医師の診断書等厳格なものではなく、同僚の証言など簡単なものにより行うべきものと解されています（昭23.5.5　基発682、昭63.3.14　基発150・婦発47）。

▶ 必要な期間

　休暇の日数については生理期間やその期間の苦痛の程度が人によって異なることから、就業規則等により、日数の限定（「一暦月中に2日までとする」等の定め）をすることはできません。

　ただし、生理休暇のうち有給の日数を定めておく（「連続する生理休暇のうち、初日は有給とする」等の定めをする）ことは、その有給休暇を含めてそれ以上の休暇を与えることが明らかにされていれば問題ないこととされています（昭23.5.5　基発682、昭63.3.14　基発150・婦発47）。

　また、生理休暇は必ずしも一暦日単位で取得させなければならないものではないため、本人が請求した場合は時間単位、半日単位での取得も可能であるものとして運用する必要があります（昭61.3.20　基発151・婦発69）。

▶ 実務ポイント・事例

昇給・賞与の取扱い

　生理休暇を取得した日について、例えば人事考課における査定上、または賞与額の決定においてどのように取り扱うかが問題となります。

　行政通達では、賞与にかかる出勤率の算定に当たって生理休暇を欠勤として取り扱うことについては、労使間において決定すべきものとしています。

　ただし、当該女性に著しく不利益を課すことは制度の趣旨から鑑みて、望ましくないものとされています（昭49.4.1　婦収125、昭63.3.14　基発150・婦発47）。

　なお、年次有給休暇にかかる出勤率の算定については、別途解説します（P.186参照）。

▶ 規定バリエーション

生理休暇の有給扱い（特別休暇規定とする）

　生理休暇を有給の特別休暇扱いとする会社もあります。ただし、前述のように生理休暇の取得に当たっては、取得の要件を本人からの申告によるものとする必要があり、また休暇の取得要件としても事業主が労働者本人に確認しづらい内容であるため、厳格に運用することは困難なものとなります。

　したがって、有給の特別休暇扱いとすることにより、制度の利用者が必要以上に増加することを考慮し、導入には慎重な判断を要します。

　また、有給とする日数を限定する場合、「一暦月期間中の取得のうち○日等」と、有給となる日数を明確に規定しておくことが必要と考えられます。

バリエーション例

第3条
1. 生理日の就業が著しく困難な女性従業員から請求があったときは、必要な期間休暇を与える。なお、一暦月に取得する休暇のうち1日は有給として取り扱う。
　※「一生理周期に取得する休暇」等の規定も考えられる。

モデル規程④

母性健康管理の措置

第4条
1. 妊娠中または出産後1年を経過しない女性従業員から、所定労働時間内に、母子保健法に基づく保健指導または健康診査を受けるために申出があったときは、次の範囲で時間内通院を認める。
　イ　産前の場合
　　妊娠23週まで…………………4週間に1回
　　妊娠24週から35週まで……2週間に1回

妊娠36週から出産まで……1週間に1回

ただし、医師または助産師（以下、「医師等」という。）がこれと異なる指示をしたときには、その指示により必要な時間

ロ　産後（1年以内）の場合

医師等の指示により必要な時間

2. 妊娠中または出産後1年を経過しない女性従業員から、保健指導または健康診査に基づき勤務時間等について医師等の指導を受けた旨申出があった場合、次の措置を講ずる。

イ　妊娠中の通勤緩和措置として、通勤時の混雑を避けるよう指導された場合は、必要とされる勤務時間の短縮または時差出勤を認める。

ロ　妊娠中の休憩時間について指導された場合は、適宜休憩時間の延長や休憩の回数を増やす。

ハ　妊娠中または出産後の女性従業員が、その症状等に関して指導された場合は、医師等の指導事項を遵守するための作業の軽減や勤務時間の短縮、休業等の措置を取る。

3. 第1項および第2項の適用を受けて就労しなかった日、または不就労時間は無給とする。

❯ 概要

　条文中に規定される母子保健法は、母性および乳幼児の健康保持・増進のための保健指導、健康診査、医療等について規定しており、例えば市区町村に母子健康手帳の交付や、健康診査、保健指導等を実施することを義務づけています。このような規定は労働者である女性にも当然に適用となるため、事業主は労働者が当該措置を受けるために必要な措置を講じる必要があります。

　均等法は、前記の母子保健法の規定を実施するために、①保健指導、健康診査を受けるための時間を確保すること、②保健指導、健康診査に基づく指導事項を遵守するために勤務時間、勤務の軽減等の措置を講じることを事業主に義務づけています。

これら母性健康管理措置は、必ずしも明文化することが求められているものではありませんが、労働者に適切に制度を周知するため、また、人事部等、制度運用者が必要な措置を理解、備忘するために、規定化しておくことが望ましいものと考えられます。

なお、母性健康管理措置の適用を受けたことにより生じた不就労日や不就業時間は無給として差し支えないこととされています。

▶ 条文解説

▌第1項▌

▶ 保健指導または健康診査を受けるために

母子保健法で定められている保健指導は、「母性、乳幼児の健康診査及び保健指導に関する実施要領」（平8.11.20 児発934）において、健康診査と一対のものとされています。したがって本規定において要する時間の確保は、健康診査と保健指導を合わせて1回とみなすため、健康診査を受診した日とは別の日に保健指導のみ受ける場合についても、必要な時間を確保する必要があります（平9.11.4 基発695・女発36）。

▶ 次の範囲で時間内通院を認める

通院時間の確保は、省令により必要とされる頻度が定められています（均等則2条の4）。

なお、産後期間の健康診査は上記の「母性、乳幼児の健康診査及び保健指導に関する実施要領」に基づき、産褥期間（産後6～8週）において4週前後に1回（入院期間中は1日1回）とされていますが、通常は産後休業期間中のため、発生することは稀です。ただし、医師または助産師が保健指導または健康診査を受けることを指示したときは、必要とされる時間を与えなければなりません。

第2項

► 必要とされる／適宜／遵守するための

　　医師等の指導に基づく措置は、①妊娠中の通勤、②妊娠中の休憩、③妊娠中または出産後の就労について、それぞれ、①「勤務時間の短縮、時差通勤等」、②「休憩時間の延長、休憩回数の増加等」、③「作業の軽減、勤務時間の短縮、休業等」を講じるものとされていますが、具体的な時間数、頻度、内容等については明記されていません。

　　したがって、後述する「母性健康管理指導事項連絡カード」等を用いて、必要とされる措置を医師等から可能な限り具体的に指示を受けることが望ましいと考えられます。

❷ 実務ポイント・事例

派遣労働者に対する適用

　　母性健康管理に係る規定は、労働者派遣が行われる場合には、派遣先の事業主においても措置しなければならないこととされています。妊産婦を労働者派遣した場合はもとより、派遣後に派遣労働者が妊娠した場合においても同様です（平28.8.2　雇児発0802第2）。

　　なお、派遣労働者が妊娠した際は、不利益取扱いに関して留意する必要があります。例えば、①妊娠した派遣労働者が派遣契約に定められた役務の提供ができるにもかかわらず、派遣先が派遣元事業主に派遣労働者の交代を求めること、②妊娠した派遣労働者が派遣契約に定められた役務の提供ができると認められるにもかかわらず、派遣先が派遣元事業主に対して、当該派遣労働者の派遣を拒むことは均等法9条3項により禁止される「解雇その他不利益な取扱い」に該当するため、注意が必要です。

母性健康管理指導事項連絡カード

　　母性健康管理措置を実施するためには、医師等の指導内容が適切に事

業主に伝達され、必要な措置が明確になる必要があります。

　この点、事業主は「母性健康管理指導事項連絡カード（母健カード）」の運用に努めることとされています。母健カードは症状（疾病）ごとに標準的な措置の内容が記載され、診断書に代わる証明書として利用することができるため、労働者が事業主に対して母性健康管理措置の適用のために提出する連絡表兼証明書として有用とされています（P.297の巻末資料参照）。

モデル規程⑤

妊産婦の労働時間等

第5条
1. 変形労働時間制を適用する事業場に使用される妊娠中または産後1年を経過しない女性従業員が請求した場合は、変形期間中の所定労働時間を週40時間、1日8時間までとする。
2. 妊娠中または産後1年を経過しない女性従業員が請求した場合は、時間外労働、休日労働および深夜労働を命じない。

▶ 概要

　労働時間の長さや時間帯と妊娠・分娩における異常については、調査により一定の関係性（長時間労働であるほど後期妊娠中毒症の割合の増加傾向が見られる等）が指摘されています。

　妊産婦について、労基法は、特に一時的な労働時間増加の可能性がある変形労働時間制（フレックスタイム制を除く）の一部制限（所定労働時間を法定労働時間までとすること）と時間外・休日・深夜労働の禁止を規定しています（労基法66条）。

● 条文解説

▌第1項▐

► 変形労働時間制を適用する事業場

　労基法の規定する変形労働時間制の制限に係る制度は、以下のとおりです。

　　①1カ月単位の変形労働時間制（労基法32条の2第1項）

　　②1年単位の変形労働時間制（労基法32条の4第1項）

　　③1週間単位の非定型的変形労働時間制（労基法32条の5第1項）

　　※フレックスタイム制（労基法32条の3）は、労働者本人の裁量により労働時間を調整できることから制限の対象外となっています。

► 請求した場合

　妊産婦の健康状態は、個人差が大きく一律の適用がかえって不合理に働く可能性があることから、本人の請求を前提とした制限となっています。なお、請求は変形労働時間制により1日・1週の法定労働時間を超える部分の一部または全部について行うことができると解されます。

► 所定労働時間を週40時間、1日8時間までとする

　本条文は変形労働時間制の適用そのものを制限するものではなく、変形期間中の所定労働時間について法定労働時間を上限とする旨を規定したものです。

　本規定を適用した際のイメージは、[**図表2**] のとおりです。

第2章　モデル規程の逐条解説　　041

図表2 1カ月単位の変形労働時間制での適用例

日付			週	備考
1 月	8		第1週	※8時間／日 超過による制限
2 火	11			
3 水	11			
4 木	11			
5 金	10			合計時間数
6 土				51 （制限適用前）
7 日				40 （制限適用後）
8 月	7		第2週	
9 火	8			※8時間／日 超過による制限
10 水	9			※40時間／週 超過による制限
11 木	9			
12 金	6			合計
13 土	3	8		47
14 日				40
15 月			第3週	
16 火	8	12		※8時間／日 超過による制限
17 水	12			
18 木	12			
19 金				合計
20 土				36
21 日				24
22 月	5		第4週	
23 火	5			
24 水	5			
25 木	5			
26 金				合計
27 土				20
28 日				20
29 月			第5週	合計　変形期間合計
30 火	6			12　166 （上限 177.1 時間）
31 水	6			12　136

第2項

▶ 時間外労働、休日労働および深夜労働を命じない

　　使用者は労働者からの請求があった範囲に応じて労働に従事させなければ足りますので、休日労働、深夜労働のみの請求であった場合は、時間外労働に従事させることは可能です。

▶実務ポイント・事例

管理監督者への適用

　妊産婦のうち、管理監督者をはじめとした労基法41条該当者に当たる労働者については、労働時間、休憩、休日に係る規定が適用されないため、時間外労働、休日労働に関する制限については、適用の余地はありません（変形労働時間の制限については、そもそも変形労働そのものの概念が当てはまらないため、適用の余地がありません）。

　ただし、深夜業に関する制限は、労働者が請求した限りにおいて、適用する必要があります（昭61.3.20　基発151・婦発69）。

モデル規程⑥

産前産後の休業

第6条

1. 6週間（多胎妊娠の場合は14週間）以内に出産予定の女性従業員から請求があったときは、休業させる。

2. 産後8週間を経過していない女性従業員は、就業させない。

3. 本条第2項にかかわらず、産後6週間を経過した女性従業員から請求があった場合は、その者について医師が支障がないと認めた業務に就かせることがある。

▶概要

　産前産後休業は労基法に定められた母性保護規定で、産前、産後の一定期間の就業を本人からの申請により免除、または禁止する制度です（労基法65条1項・2項）。

　医学的には、妊娠後期は胎児の成長が著しく、母体の負担が大きく、出産後は出産による負担や大幅な生理的な変化を生じた母体を妊娠前に近い状態とするため、一定の休養が必要と考えられており、その間の休業は必要不可欠なものと考えられています。

第2章　モデル規程の逐条解説　043

出産予定日前の6週間（多胎妊娠の場合は14週間）以内は、産前休業を取得することができますが、この期間も本人の希望があれば就労を継続することができます。

　一方、産後8週間を経過しない女性は原則として産後休業を取得させることとされており、就労させることはできません。ただし、産後6週間を経過した以後の期間は、女性労働者が就労を希望した場合であって、医師が支障がないと認めた業務には就かせることができます。

● 条文解説

▌第1項▐

▶ 6週間（多胎妊娠の場合は14週間）以内に出産予定

　「6週間（14週間）以内」の起算になるのは自然分娩の予定日です（昭26.4.2　婦発113）が、実出産日が出産予定日より遅くなった場合は、実出産日までの期間を産前休業として取り扱うこととなります。

　なお、産前休業は本人からの請求があった場合のみ取得することができるとされていますが、育児休業・介護休業等と異なり、労基法では請求に係る要件、必要事項等が規定されていないため、口頭による請求であっても差し支えないものと考えられます。生理休暇、育児時間の請求等、労基法の規定による各種制度に関しても同様です。

　ただし、各種必要事項の確認を実施し、その後の管理をしていく必要性から、就業規則等に定めることにより可能な限り社内申請書を用いて、本人から請求してもらうこととすべきです。

　また、産前休業期間は出生日により前後するため、社内申請書は産前、産後の2回に分けて提出してもらう必要があります。

・産前産後休業の社内申請書に記載すべき事項

　①出産（予定）日

　②産前休業開始（予定）日

③産後休業終了（予定）日

④子の氏名

⑤産前休業開始日までの年次有給休暇の取得※

※出産手当金の請求や社会保険料の免除など、社会保険関係手続きに関する必要性から記載があると有用です。

▶ 産後8週間を経過していない女性従業員は、就業させない

「産後8週間」は実出産日の翌日から開始します。産前休業と異なり、産後休業期間中は原則就労が禁止されています。

労基法上の「出産」の範囲は、妊娠4カ月以上（1カ月は28日として計算することとされているため、4カ月以上というのは85日以上）の分娩とされています（昭23.12.23　基発1885）。

したがって人工妊娠中絶、流産、死産等であっても、妊娠4カ月以後に発生したものであれば産後休業を取得させなければならないこととなります。

▶ 女性従業員から請求があり医師が支障がないと認めた業務

産後休業期間中であっても出産日から6週間を経過した女性労働者からの請求があれば、就業させることができますが、医師が支障がないと認めた業務に限定されます。

労基法65条3項には他の軽易な業務への転換義務に関する規定がありますが、これは妊娠中の女性に適用されるもののため、産後休業から復職する者を軽易な業務に転換させる必要まではありません。

また、産後の母体保護の観点から、医師が支障がないと認めた業務に関しては、会社として診断書等により確認する運用が望ましいと考えられます。

▶ 実務ポイント・事例

各種給付金および保険料免除

社会保険（健康保険・厚生年金保険）にかかる各種給付金、および保

険料の免除措置等各種制度の適用は産前産後休業期間から開始します。実務上は休業開始までに手続きの準備を行い、申請の漏れがないよう、時系列ごとに手続きの全体像を把握し管理する必要があります。

帝王切開による出産

　本人の希望、母体保護等の理由から、自然分娩予定日の前に帝王切開を行う場合があります。前述のように産前休業の起算となるのはあくまで自然分娩の出産予定日となりますので、帝王切開の予定日が明確で、実出産日が特定できる場合も、自然分娩の予定日から起算した産前休業の開始日から休業させれば差し支えありません。

死産の場合の産前産後休業期間

　前述のとおり、妊娠4カ月以上であれば死産の場合も産前産後休業を取得することができます。ただし在胎時に胎児の死亡が確認された場合で分娩のため入院等をしても、産前休業はあくまで自然分娩予定日を起算日とするため、出産予定日前6週間以内でなければ、入院期間を産前休業として取り扱うことはできません（切迫流産、切迫早産等により産前6週以前から入院する場合も同様です）。

　なお、上記の場合も分娩当日は産前休業として取り扱う必要があり、分娩日の翌日から8週間は産後休業が必要となりますので、注意が必要です。

　また、死産の場合も、以下のような各種社会保険関係手続きを行う必要があり、各種社内申請書も含めて、案内には注意が必要です。

　①産前産後休業期間中の社会保険料免除（健康保険・厚生年金保険）

　②出産手当金の申請（健康保険）

　③会社規定による見舞金等の支給

出産後に死亡となった場合

　基本的には死産の場合と同様の取扱いおよび手続きが必要となりますが、生産となっているため、加えて以下のような手続きが必要となります。

　④弔事休暇（特別休暇）の取得（子の死亡）

　⑤家族埋葬料の請求（健康保険）※

　※健康保険組合によっては、請求の事前または同時に扶養家族異動届の提
　　出が必要となる場合があります。

❯ 規定バリエーション

産前産後休業期間の延長

　就業規則の定めにより、法定の産前産後休業期間を延長することが可能です。

　例えば「予定日以前に出産したこと等により産前休業が短縮になった場合も、14週間の休業を保障する規定とする」等が考えられます。

　ただし、このような規定をした場合で、出産日が遅れたことにより産前休業が延長しても、産後8週間の休業は保障する必要があります。

> **バリエーション例**
>
> **第6条**
> 1. 出産予定の女性従業員が請求した場合は、休業させる。また、出産後の女性従業員は就業させない。
> 2. 産前産後の休業期間は自然分娩予定日の6週間前から開始し、産後の休業を含めて14週間とする。なお、産後の休業期間が8週間に満たない場合は、産後8週間が経過する日までを休業とする。

有給の産前産後休業期間

　P.192の第26条（給与等の取扱い）にて、産前産後休業期間中は無給とすることとしていますが、就業規則の定めにより、産前産後休業期

間を有給とすることができます。この場合、単に産前産後休業期間を有給とする方法と、特別休暇として規定する方法がありますが、会社によって退職金（産休期間中も退職金ポイントを加算する等）、賞与額の算定（出勤したものとして取り扱う等）、人事考課等（出勤したものとして取り扱う等）、影響を及ぼす範囲が異なるため、慎重に検討する必要があります。

　なお、有給とする旨の取扱いは、以下のように産前産後休業の条文に規定することもできます。

　その他社会保険手続き上では、次の点に留意する必要があります。

・出産手当金　　→　支給停止または差額支給となります。

・社会保険料免除　→　賃金が支払われても免除となります。

バリエーション例

第6条
4. 産前産後休業期間中は有給とする。
（4. 産前産後休業期間中は就業規則第○条に規定する特別休暇に準じて取り扱うものとする。）

モデル規程⑦

出産に関する特別休暇　※就業規則の該当規定を抜粋

第7条
1. 従業員が申請した場合は、次のとおり特別休暇を与える。
　　妻が出産したとき　　　　　日
2. 本条第1項の特別休暇中の賃金は有給とする。

▶ 概要

　休暇は大別して法定休暇（休業）と任意休暇に分けられます。法定休暇は、①年次有給休暇（労基法39条）、②産前産後休業（労基法65条）、

③生理休暇（労基法68条）、④育児休業（育介法第2章）、⑤介護休業（育介法第3章）、⑥子の看護休暇（育介法第4章）、⑦介護休暇（育介法第5章）の七つです。

　就業規則上は法定休暇以外の任意休暇を特別休暇と定義するケースが多く、原則として休暇取得の目的、事業主の事前承認等の要件を厳格にする等、運用面を事業主の裁量により決定することは問題ありません。

　また、時季変更権の行使も法定休暇に比して緩やかな基準によることとして問題ないものとされています。

▶ 実務ポイント・事例

　モデル規程では任意休暇（特別休暇）のうち、出産にかかるもののみを就業規則から抜粋することで、出産等に関する規定を網羅していますが、配偶者出産休暇は第18条に規定する育児目的休暇にも該当するため、条文を統合することも可能です。

2 育児休業

モデル規程⑧-1

育児休業の対象者

第8条

1. 育児のために休業することを希望する従業員（日雇従業員を除く）であって、1歳に満たない子と同居し、養育する者は、この規則に定めるところにより育児休業をすることができる。ただし、有期契約従業員にあっては、申出時点において、次のいずれにも該当する者に限り育児休業をすることができる。

   イ　入社1年以上であること。

   ロ　子が1歳6カ月（本条第5項の申出にあっては2歳）に達する日までに労働契約期間が満了し、更新されないことが明らかでないこと。

2. 本条第1項、第3項、第4項、第5項にかかわらず、労使協定により除外された次の従業員からの休業の申出は拒むことができる。

   イ　入社1年未満の従業員

   ロ　申出の日から1年（本条第4項および第5項の申出にあっては6カ月）以内に雇用関係が終了することが明らかな従業員

   ハ　1週間の所定労働日数が2日以下の従業員

▶ 概要

　育介法に基づく育児休業は、原則として1歳に満たない子を養育する労働者（男女問わず）が、事業主に申し出ることによって取得することができます。期間を定めて雇用される労働者（有期契約労働者）には入社1年以上であるなど一定の要件が課されています（育介法5条1項）。

　また、労使協定を締結することによって入社1年未満の従業員等一定の労働者を除外することができます。

❯ 条文解説

┃第1項┃

▶（日雇従業員を除く）

　法に定義される「労働者」には、「日々雇用される者」は除外されています（育介法2条1号カッコ書き）。

　日々雇用される者については、育児を理由とする雇用の中断を防ぎ、雇用継続を図ることを目的として長期的な休業となり得る育児休業の性質になじまない雇用形態の労働者であることから法の適用を受けません。そのため、以後の規定にいう従業員（労働者）については日々雇用される者は含まれないものと考えてください。

▶1歳に満たない子

　育児休業および後述する子の看護休暇、育児をする労働者についての所定外労働の制限、時間外労働の制限、深夜業の制限、育児短時間勤務の措置等の対象となる「子」の範囲は、法律上の親子関係がある子（実子、養子）のほか、平成29年1月1日施行の法改正により以下の子も含むことになりました（育介法2条1号カッコ書き、育介則1条）。

　　①特別養子縁組のための試験的な養育期間にある子

　　②養子縁組里親に委託されている子

　　③当該労働者を養子縁組里親として委託することが適当と認められるにもかかわらず、実親等が反対したことにより、当該労働者を養育里親として委託された子

　また、原則の育児休業は子が1歳までとなっていますので、育児休業を取得できる労働者の要件は「1歳に満たない子と同居し、養育する者」という記載になっています。「1歳に満たない」とは1歳の誕生日の前日までとの意です（育介通達）。

▶同居し、養育する

　法において「養育」とは、「同居し、監護する」との意であり、病

第2章　モデル規程の逐条解説　051

気や旅行により短期間同居に欠けていても「養育している」ことに変わりがないとされています（育介通達）。よって、「養育」には「同居」の意が含まれていますが、規定において明確にするために「同居し、養育する」との表現としています。

▶ 有期契約従業員

有期契約労働者（期間を定めて雇用される労働者）は「1歳に満たない子と同居し、養育する」という条件のほかに、申出時点で以下の要件に該当すれば、育児休業を取得することができます。逆を言えば、法によって取得できる対象者が限定されているということになります（育介法5条1項、[**図表3**]）。

①同一の事業主に引き続き1年以上雇用されていること
②子が1歳6カ月に達する日までに労働契約（更新される場合には更新後の契約）が満了することが明らかでないこと

「同一の事業主に引き続き1年以上雇用」とは、育児休業の申出があった日の直前1年間について、勤務の実態に即し雇用関係が実質的に継続していることをいうものであり、契約期間が形式的に連続しているか否かにより判断するものではないこととされています（育介指針）。

後述の1歳6カ月から2歳までの育児休業の取得（延長）を申し出る場合には、上記②は「子が2歳に達する日までに労働契約期間が満了し、更新されないことが明らかでないこと」が要件となります（育

図表3 有期契約労働者の育児休業取得可能な例

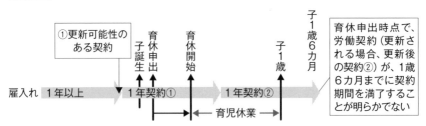

介法5条5項)。

▶ 更新されないことが明らか

「更新されないことが明らか」か否かについては、申出のあった時点において判明している事情に基づき、契約更新がされないことが確実であるか否かによって判断します。例えば、以下のいずれかに該当する場合は更新がないことが確実であると判断されます（育介指針、[**図表4**]）。

①書面または口頭で労働契約の更新回数の上限が明示されており、その上限まで更新された場合の期間の末日が、子が1歳6カ月に達する日以前の日である

図表4 更新されないことが明らかな例

①の例：「雇入れ時に1年契約で契約更新2回までと明示」

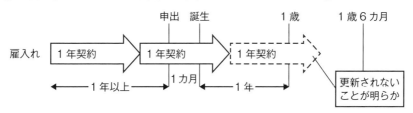

※申出時点で最後の契約更新（点線矢印）を行ったとしても1歳6カ月に到達しないことが明らかであること。

②の例：「雇入れ時に3年契約で更新なしと明示」

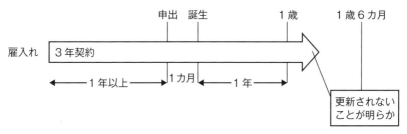

※申出時点で契約の終了日が1歳6カ月前であることが明らかであること。

資料出所：厚生労働省「育児・介護休業法のあらまし」（[図表11、13、17、18、21、23、24]も同じ）

②書面または口頭で労働契約の更新をしない旨が明示されており、申出時点で締結している労働契約の期間の末日が、子が1歳6カ月に達する日以前の日である

　ただし、①②のケースに該当する場合であっても、雇用の継続の見込みに関する事業主の言動、同様の地位にある他の労働者の状況、当該労働者の過去の契約の更新状況等から、これに該当しない（育児休業を取得させなければならない）と判断される可能性もあります（育介指針）。

　よって、有期契約労働者からの育児休業申出を拒否する場合には慎重な判断が必要となります。

　例えば、3カ月更新や6カ月更新など一の労働契約期間が短い場合であって、申出時点で締結されている労働契約を更新してもなお1歳6カ月に到達しないような場合であっても、通算契約期間や契約更新回数があらかじめ定められていない場合には取得が可能となります。上記の例のように、客観的に見ても明らかに契約終了日が決定している場合以外で、契約更新の可能性がある場合（「更新しない」と明示していない以上は契約更新の可能性があると判断されます）は、有期契約労働者の育児休業の取得が可能ということになります。

▌第2項▌
▶労使協定により除外
　第1項に記載された法による適用除外者以外は育児休業を取得させなければいけませんが、過半数労働組合または過半数労働組合がない場合は過半数代表者との労使協定を締結することにより、以下の労働者からの申出は拒むことができます（育介法6条1項・2項、育介則8条、平23.3.18　厚労告58、最終改正：平28.12.21　厚労告428）。

　①入社1年未満の労働者

②育児休業申出の日から1年以内（1歳から1歳6カ月、1歳6カ月から2歳までの育児休業の場合は6カ月以内）に雇用関係が終了することが明らかな労働者

③1週間の所定労働日数が2日以下の労働者

　平成21年改正前は、労使協定により育児休業を取得する労働者の配偶者等が専業主婦（夫）や、育児休業を取得している場合などは適用を除外することができるとされていましたが、現在では認められていません。労使協定を締結したとしても、上記より広い範囲の労働者を除外することはできません。

　なお、育児休業にかかる制度の適用除外者を定めた労使協定については、労働基準監督署への届出は不要です。また、入社後の継続雇用期間には労働組合の専従期間、長期療養等のため休職している期間等の労務の提供が行われていない期間も、労働契約関係が継続する限り含まれます。

◉ 実務ポイント・事例

育児休業対象者の設定

　規程では、まず育児休業の対象者を明確にする必要があります。対象外となる労働者には、法による除外者（①日雇労働者、②一定の有期契約労働者）と労使協定による除外者（①入社1年未満の労働者、②申出の日から1年〔6カ月〕以内に雇用関係が終了することが明らかな労働者、③週の所定労働日数が2日以下の労働者）がいます。従業員のうち、どの範囲までを対象とするのか（あるいは対象外とするのか）を明記することによって、取得できるかできないかを判断することになります。特に勤続年数の短い労働者の場合は、規定次第で取得可否が異なりますので注意が必要です。

　例えば、法を上回って、勤続年数を問わず有期契約労働者のすべてを対象とすることも可能です。しかし、勤続年数の短い有期契約労働者を

育児休業の対象とした場合に、法の規定に基づく育児休業ではないため雇用保険の育児休業給付の受給資格を満たさないという事例もありますので、法を上回る対象者を設定する場合には、育児休業に関わるその他保険制度との兼ね合いも考慮して規定化する必要があります。

有期契約労働者の取得

規程第8条第1項の取得要件「イ」の「入社1年以上」について、入社後1年未満で出産した有期契約労働者が、産後休業を終えた時点でまだ1年を満たしていない場合、産後休業から引き続いて育児休業を取得することはできませんが、いったん復職後勤続年数1年を経過した時点で申出を行い、その後育児休業を取得するということは可能です［**図表5**］。

労使協定の締結

規定上で労使協定により対象者を除外する旨を明記していても、実際に労使協定を締結していない場合は除外することができません。以後の各制度についても労使協定による除外を行う場合には、そもそも労使協定を締結しているか、また、締結した労使協定に正しくその内容が記載されているか確認することが必要です。

育児休業の1日の違い

前述のように、法では「1歳に満たない」子を養育する労働者が育児

図表5 有期契約労働者の育児休業

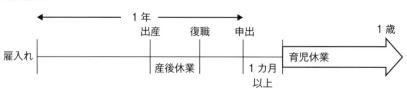

休業をすることができるとされており、具体的には「1歳の誕生日の前日まで」の期間となります。例えば誕生日が平成29年8月1日の子の場合、育児休業は1歳の誕生日の前日の平成30年7月31日までとなります。

　一方、雇用保険の育児休業給付金の支給対象となる育児休業は「子が満1歳に達する日の前日まで」にあるものをいうとされています（雇用保険業務取扱要領59503(3)）。この「1歳に達する」とは、民法143条に基づく期間計算（暦日計算）および年齢計算ニ関スル法律により、いわゆる誕生日の前日午後12時とされていますので、例えば前記の誕生日の子が1歳に達するのは、平成30年7月31日の午後12時となります。よって、育児休業給付金の支給対象となるのはその前日の7月30日までとなります。

　この違いは法律によって対象期間に対する考え方が違うことにより生じています。

　なお、健保法および厚年法の保険料の免除の申出に関する育児休業については、法に基づく育児休業となりますので、上記の例で1歳までの育児休業に関する保険料免除を申し出る場合は、平成30年7月31日までの期間を記載して申し出ることになります。

❷ 規定バリエーション

有期契約従業員のすべてを育児休業の対象とする例

> **バリエーション例**
>
> **第8条**
> 1. 育児のために休業することを希望する従業員（日雇従業員を除く）であって、1歳に満たない子と同居し、養育する者は、この規則に定めるところにより育児休業をすることができる。
> （前掲モデル規程のただし書きがないパターン）

第2章　モデル規程の逐条解説　057

法を上回る期間の育児休業を設定する例

バリエーション例

第8条
1. 育児のために休業することを希望する従業員（日雇従業員を除く）であっ
   て、<u>1歳6カ月（2歳）</u>に満たない子と同居し、養育する者は、この規則に
   定めるところにより育児休業をすることができる。

モデル規程⑧-2

育児休業の対象者

第8条（続き）
3. 配偶者が従業員と同じ日からまたは従業員より先に育児休業をしている場
   合、従業員は、<u>子が1歳2カ月に達するまでの間で</u>、出生日以後の産前・産
   後休業期間と育児休業期間との合計が<u>1年を限度として</u>、育児休業をするこ
   とができる。

▶ 概要

　同一の子について、ある一定の要件に基づき両親ともに育児休業をす
る場合には、本来は子が1歳までのところ、子が1歳2カ月に達するまで
の間で1年間を限度として育児休業を取得することができます（いわゆる
「パパ・ママ育休プラス」。以下、「パパ・ママ育休プラス」という）。
これは、男性の育児休業取得促進を図る観点から、男女ともに育児休業
を取得した場合の育児休業期間（期限）について特例を設けた制度です。

▶ 条文解説

▌第3項▌

▶ <u>配偶者</u>

　「配偶者」には法律上の配偶者のみならず、事実上婚姻関係と同様
の事情にある者も含みます。

▶従業員と同じ日からまたは従業員より先に

　配偶者が、子が1歳に達する日以前に育児休業をしている場合、労働者は子が1歳2カ月に達するまで育児休業をすることができます（育介法9条の2第1項読み替え後の5条1項）が、以下の場合には適用されません（育介法6条2項、[**図表6**]）。

図表6　「パパ・ママ育休プラス」の例

〈例①〉

※配偶者（母）が労働者（父）より先に育児休業を取得しているので可。

〈例②〉

※労働者（父）の育児休業開始日が子の1歳誕生日の翌日以降であるため不可。

〈例③〉

※労働者（父）の育児休業開始日が配偶者（母）の育児休業開始日より前であるため不可。

①労働者本人の育児休業開始予定日が子の1歳誕生日の翌日以降である場合

②労働者本人の育児休業開始予定日が配偶者の育児休業の初日前である場合

よって、②の要件があるために、「配偶者が従業員と同じ日からまたは従業員より先に育児休業をしている場合」という記載となっています。

▶ 育児休業をしている

パパ・ママ育休プラスにより1歳2カ月まで育児休業を取得できるのは、配偶者が「育児休業をしている」場合です。「育児休業をしている」ということは、配偶者も法に基づく労働者であるということになります。なお、労働者の配偶者が国会職員、国家公務員、地方公務員等の公務員であり、各法律に基づく育児休業を取得している場合も含まれます（育介法9条の3）。

よって、配偶者が専業主婦（夫）、自営業者、法人の代表者や役員等の労働者ではない場合は、パパ・ママ育休プラスの制度の対象とはなりません。

▶ 子が1歳2カ月に達するまでの間で

パパ・ママ育休プラスの制度による休業は、本来の育児休業の期限が子が1歳まで（1歳の誕生日の前日まで）のところ、その期限が1歳2カ月まで（誕生日の属する月の2カ月後における誕生日の応当日の前日まで）となります。1歳2カ月はパパ・ママ育休プラスによる最大の期限です。必ずしも1歳2カ月が育児休業の終了日となるわけではなく、本人の希望により1歳1カ月までなど1歳2カ月までの任意の期日までとなります。また、次の項目で説明するように育児休業の期間は1年を限度とするという条件もありますので、その制限により1歳1カ月までということもあり得ます。

▶ 1年を限度として

　パパ・ママ育休プラスの制度により1歳2カ月まで取得することができるとしても、労働者、配偶者ともにそれぞれ取得できる育児休業の期間は1年間です。1年2カ月間取得できるわけではありません。出産した女性の場合は出生日以後の産休期間も含み365日、うるう日を含む場合は366日となります［**図表7**］。

図表7 パパ・ママ育休プラスで最大1年間取得する例

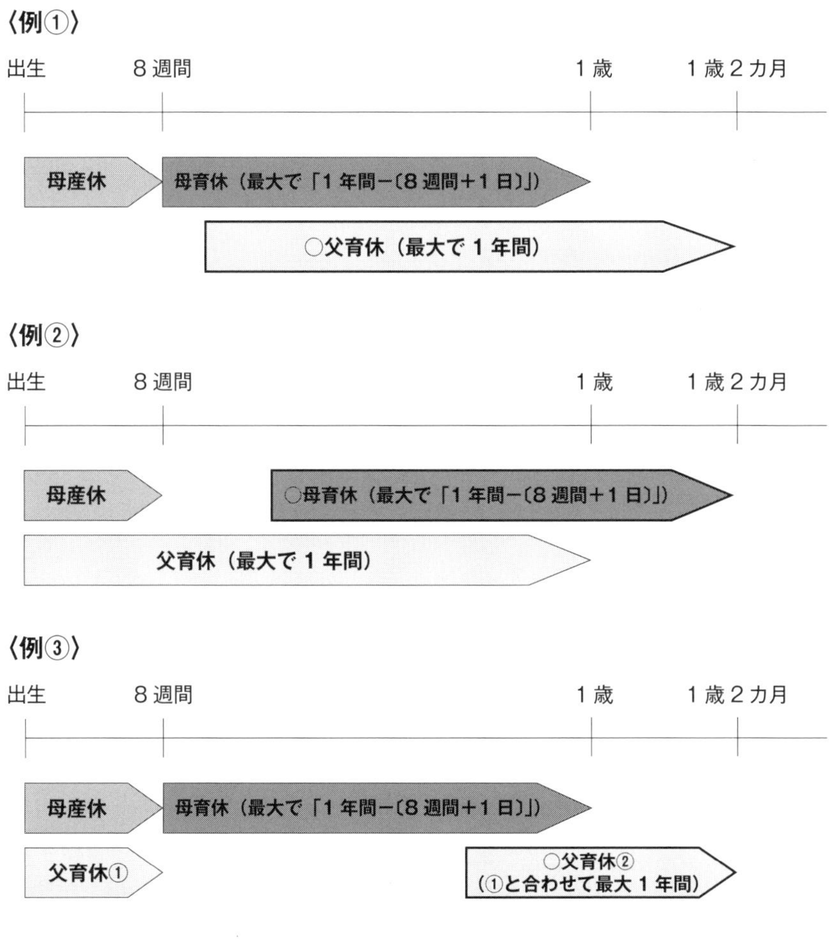

〈例①〉

| 出生 | 8週間 | | 1歳 | 1歳2カ月 |

母産休　母育休（最大で「1年間−（8週間＋1日）」）

○父育休（最大で1年間）

〈例②〉

| 出生 | 8週間 | | 1歳 | 1歳2カ月 |

母産休　○母育休（最大で「1年間−（8週間＋1日）」）

父育休（最大で1年間）

〈例③〉

| 出生 | 8週間 | | 1歳 | 1歳2カ月 |

母産休　母育休（最大で「1年間−（8週間＋1日）」）

父育休①

○父育休②
（①と合わせて最大1年間）

第2章　モデル規程の逐条解説　061

モデル規程⑧-3

育児休業の対象者

第8条（続き）

4. 次のいずれにも該当する従業員は、子が1歳6カ月に達するまでの間で必要な日数について育児休業をすることができる。なお、育児休業を開始しようとする日は、原則として子の1歳の誕生日に限るものとする。

　イ　従業員または配偶者が原則として子の1歳の誕生日の前日に育児休業をしていること

　ロ　次のいずれかの事情があること

　（ア）　保育所等に入所を希望しているが、入所できない場合

　（イ）　従業員の配偶者であって育児休業の対象となる子の親であり、1歳以降育児に当たる予定であった者が、死亡、負傷、疾病等の事情により子を養育することが困難になった場合

5. 次のいずれにも該当する従業員は、子が2歳に達するまでの間で必要な日数について育児休業をすることができる。なお、育児休業を開始しようとする日は、子の1歳6カ月の誕生日応当日に限るものとする。

　イ　従業員または配偶者が子の1歳6カ月の誕生日応当日の前日に育児休業をしていること

　ロ　次のいずれかの事情があること

　（ア）　保育所等に入所を希望しているが、入所できない場合

　（イ）　従業員の配偶者であって育児休業の対象となる子の親であり、1歳6カ月以降育児に当たる予定であった者が、死亡、負傷、疾病等の事情により子を養育することが困難になった場合

▶ 概要

　1歳時点で保育所等に預けられないなどの事情がある場合には、原則1歳までの育児休業を、1歳から1歳6カ月まで取得することができ、さらに1歳6カ月時点で同様の事情があれば1歳6カ月から最長2歳まで取得することができます。

　育児休業は子が1歳に達するまでの間の休業であるという基本的枠組みを維持しながら、雇用の継続を促進し、円滑な職場復帰を図る観点か

ら、子が1歳到達後もなお休業することが必要と認められる特別の事情があるときは1歳6カ月まで取得することができ、さらに1歳6カ月に到達後もなお休業が必要な特別の事情がある場合は2歳までを限度として、申出をすることにより育児休業を取得することができるとされています。

1歳6カ月から2歳までの育児休業の取得（延長）は平成29年10月1日施行の法改正により認められるようになりました。これは、1歳を超える育児休業の取得が必要な事情として、多くは保育所等に預けられない場合が挙げられますが、保育所の入所は一般的には年度初めの4月であり、他の時期には空きがほとんどなく、子の誕生日によっては1歳時点で4月が過ぎていることから預けられず、6カ月の延長をしたとしても次の年度初めに到達しないため、預けられないまま育児休業の期間も終わってしまい離職せざるを得ないといったケースがあったために、雇用継続の観点から設けられたものです。

● 条文解説

▌第4項▐

▶ 原則として子の1歳の誕生日の前日に育児休業をしている

1歳から1歳6カ月の期間においては、労働者または配偶者が1歳の誕生日の前日に育児休業をしており、かつ保育所等に入所できない等の事情があるという二つの要件に該当する場合に限り、育児休業を取得することができます（育介法5条3項）。

よって、育児休業をせざるを得ない事情があり、労働者または配偶者が子の1歳の誕生日の前日に育児休業をしていれば、労働者が延長することも、配偶者が交代して取得することも可能です。

「原則として」とされているのは、パパ・ママ育休プラスの制度を利用している場合は、1歳の誕生日の前日に該当する日が、1歳2カ月までの間の育児休業終了予定日となるからです。

第2章　モデル規程の逐条解説　063

「育児休業をしている」については、パパ・ママ育休プラスの場合と同様であり、配偶者については法に規定する労働者である必要があります（P.60参照）。

▶ 事情

取得できる事情については、まず、「保育所等における保育の利用を希望し、申込みをしているが当面その実施が行われない場合」があります。これは、市区町村に対して保育の申し込みを行っており、その市区町村から子の1歳の誕生日の時点で保育が行われない旨の通知がなされている場合をいいます。

そのほか、「1歳以降育児に当たる予定であった配偶者が子を養育することが困難になった場合」があり、具体的には以下の事情となります（育介則6条）。

①死亡したとき

②負傷、疾病または身体上もしくは精神上の障害により子を養育することが困難な状態になったとき

③婚姻の解消その他の事情により子と同居しなくなったとき

④6週間（多胎妊娠の場合14週間）以内に出産予定または産後8週間以内の場合

上記の事情のうち、②について、「子を養育することが困難な状態」とは身体障害者福祉法の身体障害者であること、これと同程度の精神障害があることのほか、1歳6カ月までの育児休業申出の時点から1カ月間を超える期間継続して通院、加療、入院または安静が見込まれる場合をいいます。

③については、同居しない期間は永続的なものを想定していますが、転勤等の事情による場合も申出時点から1カ月間を超えて同居しない状態が続く場合は含まれるものとされています。

④の場合においては、労基法上の産前産後休業期間が想定されますが、当該配偶者が雇用労働者であるか否かは問わないものとされてい

ます（育介通達）。

▶ **保育所等**

「保育所等」とは、児童福祉法に規定する保育所、就学前の子ども
に関する教育、保育等の総合的な提供の推進に関する法律に規定する
認定子ども園および児童福祉法に規定する家庭的保育事業等をいいま
す（育介則5条8号）。

上記の定義に当てはまらない無認可の保育施設等は含みません。

第5項

▶ **子の1歳6カ月の誕生日応当日の前日に育児休業をしている**

1歳6カ月から2歳の期間においては、1歳から1歳6カ月の期間と
同様に二つの要件が必要です。すなわち、労働者または配偶者が1歳
6カ月の誕生日応当日の前日に育児休業をしており、かつ保育所等に
入所できない等の事情があるという二つの要件に該当する場合に限
り、育児休業を取得することができます（育介法5条4項）。

よって、育児休業をせざるを得ない事情があり、1歳6カ月誕生日
応当日の前日に両親のいずれかが育児休業を取得していれば労働者が
延長することも、配偶者と交代して取得することも可能です。

▶ **事情**

取得できる事情については、保育所等に入所できないことのほか、
配偶者の死亡等、1歳から1歳6カ月の期間の育児休業取得の場合と
同様です（育介則6条の2。P.64参照）。

▶ 実務ポイント・事例 ─────────

有期契約労働者が1歳6カ月または2歳までの取得を申し出た場合

有期契約労働者も1歳から1歳6カ月までの育児休業をすることがで
きます。その際、1歳到達日において育児休業をしている有期契約労働
者が引き続き育児休業をしようとする場合には、申出時点において改め

て有期契約労働者の取得要件を満たすか否かは問われません。

　ただし、子の1歳到達日において育児休業をしている配偶者に代わって1歳6カ月までの育児休業をしようとする場合には、申出時点において取得要件を満たす者に限り、申出をすることができます。

　また、1歳6カ月から2歳までの育児休業については、1歳までの育児休業と同様に、以下の二つの要件を満たす者に限り育児休業をすることができます（育介法5条3〜5項。P.52参照）。

　イ　入社1年以上であること。

　ロ　子が2歳に達する日までに労働契約（更新される場合には更新後の契約）が満了することが明らかでないこと。

取得（延長）時の注意点（保育所関係）

　1歳から1歳6カ月、または1歳6カ月から2歳までの取得（延長）の理由については、「保育所等」に入所できない場合が大半を占めますが、労働者が1歳時点または1歳6カ月時点で無認可保育施設などに預けることができていても、法の規定する「保育所等」に入所できていない場合に労働者から申出があれば育児休業を取得させなければいけません。

法を上回る育児休業期間を設定している場合の注意点

　法を上回る措置として、当初から1歳を超える育児休業を取得することが可能と規定している場合等については、雇用保険の育児休業給付金の受給期間延長ができないことがあります。

　育児休業給付金はあくまで法の規定に基づく育児休業（および期間の延長）が行われる場合に支給されますので、例えば会社の規定で当初から2歳まで取得できるために1歳時点で保育所等の申込みを行っておらず、預けられていなかった場合には、「保育所等に入所を希望しているが、入所できない場合」には該当せず、育児休業給付金の受給延長はできません。

モデル規程⑨-1

育児休業の申出の手続き等

第9条

1. 育児休業をすることを希望する従業員は、<u>原則として</u>育児休業を開始しようとする日（以下、「<u>育児休業開始予定日</u>」という。）<u>の1カ月前</u>（第8条第4項および第5項に基づく1歳および1歳6カ月を超える休業の場合は、<u>2週間前</u>）までに育児休業申出書（社内様式1）を人事部労務課に提出することにより申し出るものとする。なお、<u>育児休業中の有期契約従業員が労働契約を更新するに当たり、引き続き休業を希望する場合には、更新された労働契約期間の初日を育児休業開始予定日として、育児休業申出書により再度の申出を行うものとする。</u>

▶ 概要

　育児休業は、労働者の事業主に対する申出を要件としており、一定の時期に一定の方法によって申出をしなければなりません。

▶ 条文解説

第1項

▶ 原則として育児休業開始予定日の1カ月前／2週間前まで

　育児休業の申出期限は、1歳までの育児休業の場合は1カ月前まで、1歳から1歳6カ月までおよび1歳6カ月から2歳までの育児休業の場合は2週間前までです。この申出期限を過ぎて育児休業の申出があった場合には、事業主は労働者の希望する育児休業開始予定日から、申出があった日の翌日から起算して1カ月（1歳6カ月までおよび2歳までの場合は2週間）が経過する日までの間で育児休業開始予定日を指定することができます（育介法6条3項。P.82参照〔後述〕）。

　「原則として」とあるのは、出産予定日前に子が出生した等の一定の事由がある場合には1週間前までの申出が可能であるためです（育介則10条、11条）。

第2章　モデル規程の逐条解説　067

► 育児休業申出書（社内様式1）を人事部労務課に提出

育児休業の申出は、以下の一定の事項を事業主に申し出ることによって行わなければなりません（育介則7条1項。社内様式1参照）。

　①育児休業申出の年月日

　②労働者の氏名

　③子の氏名、生年月日、労働者との続柄等

　④育児休業の開始予定日と終了予定日

　⑤養子の場合、養子縁組の効力が生じた日　など

（後述する有期契約労働者が労働契約を更新する場合の再度の申出の場合には上記①②④の事項に限ります。）

モデル規程では、社内様式を提出させる方法を採用していますが、書面での申出のほか、事業主が認めた場合にはファックス送信や電子メールによる方法、社内イントラネットの専用ブラウザによる申出なども可能であるため（育介則7条2項）、どのような方法で申出しなければならないのか明記しておくことが必要です。また、申出先として「人事部労務課」としていますが、人事部長、所属長、支店長等さまざま考えられます。申出の期限の問題もあるため、いつ誰に申し出たかを明確にしておくためにも申出先も明記することが望ましいです。また、事業所が数多くある場合については、労働者の便宜のため書面の提出先は各事業所に設けることが望ましいです。

書面の提出方法は直接手交することのほか、郵送によることも可能です。また、書面提出によらず、電子メールによる方法やブラウザその他のソフトウェアを利用する場合には、プリンターに接続して書面を作成することが可能である場合をいうとされています（育介通達）。

なお、ファックス送信や電子メール・イントラネットのブラウザで申し出る場合は、それぞれの機器が受信した場合に事業主に到達したとみなされます（育介則7条3項）。

▶ 有期契約従業員が労働契約を更新するに当たり、引き続き休業を希望

　有期契約労働者で、一の労働契約期間が短い場合には、例えば1歳までの育児休業取得を希望していても、希望する育児休業終了予定日までの労働契約が締結されていないため、それ以前に到来する現労働契約期間の末日を育児休業終了予定日としているケースがあります。このようなケースで、労働契約が更新された場合には、更新後の労働契約期間の初日を開始予定日として、再度申出をしてもらうことになります。この有期契約労働者の労働契約更新に伴う再申出は、第9条第2項に説明する申出回数の対象とはされていません（育介法5条7項）。

▶ 実務ポイント・事例

社内様式の整備

　労働者からの育児休業の申出、後述する子の出生の通知および育児休業申出を受けた後の事業主からの通知は、原則として書面で行うことになります。申出・通知に必要な事項は定められていますので、必要な項目が網羅された様式を準備しておくことがスムーズな対応につながります。様式は自由ですので、会社で独自に作成することも可能ですし、厚生労働省の様式例を使用することもできます。また、後述の介護休業と兼用できるものは同一の様式とすることも可能です（例えば、社内様式2）。

▶ 規定バリエーション

申出期限を一律にする例

バリエーション例

第9条

1. 育児休業をすることを希望する従業員は、原則として育児休業を開始しようとする日（以下、「育児休業開始予定日」という。）の2週間前までに育児休業申出書（社内様式1）を人事部労務課に提出することにより申し出るものとする。

モデル規程⑨-2

育児休業の申出の手続き等

第9条（続き）

2. 申出は、次のいずれかに該当する場合を除き、一子につき1回限りとする。ただし、産後休業をしていない従業員が、子の出生日または出産予定日のいずれか遅いほうから8週間以内にした最初の育児休業については、1回の申出にカウントしない。

   イ　第8条第1項に基づく休業をした者が同条第4項または第5項に基づく休業の申出をしようとする場合または本条第1項後段の申出をしようとする場合

   ロ　第8条第4項に基づく休業をした者が同条第5項に基づく休業の申出をしようとする場合または本条第1項後段の申出をしようとする場合

   ハ　配偶者の死亡等特別の事情がある場合

▶ 概要

　育児休業の申出は特別の事情がない限り一子につき1回ですが、子の出生後8週間以内にされた最初の育児休業（いわゆる「パパ休暇」）はカウントされず、特別な事情がなくても再度の取得が可能です［**図表8**］。

　また、1歳から1歳6カ月および1歳6カ月から2歳までの育児休業を

図表8 配偶者の出産後8週間以内の期間中に父親が育児休業を取得した場合の再取得の例

※父育休①は、母の産後8週間以内（出産日起算8週間経過日の翌日）に終了している必要があります。

取得しようとする場合、有期契約労働者が契約更新の時点で再申出する場合は除かれます。

◆条文解説

第2項

▶一子につき1回限り

　申出の回数は特別の事情がない限り一子につき1回であり、同一の子について再度の申出をすることはできません（育介法5条2項）。ただし書きにあるように、子の出生後8週間以内にした最初の育児休業についてはカウントされませんが、産後休業を取得した労働者は対象ではありませんので、主に父親である男性労働者が妻（労働者）の産後休業中に短期的な育児休業を取得するケースが想定されています。

　一子につき1回限りとされていますが、イ〜ハで例外について記載をしています。

　イは、1歳までの育児休業取得者が、1歳から1歳6カ月または1歳6カ月から2歳までの育児休業をする場合には別途の申出・取得が可能であることに対応しています。

　ロは、1歳6カ月までの育児休業取得者が、1歳6カ月から2歳までの育児休業をする場合には別途の申出・取得が可能であることに対応

しています。

▶本条第1項後段の申出をしようとする場合

イ、ロともに「本条第1項後段の申出をしようとする場合」とあるのは、前述のように有期契約労働者が契約更新のために再度申出をする場合には申出回数の対象とされていないことに対応しているためです。

▶特別の事情

ハの「特別の事情」は、以下のような事情を想定しています（育介則5条）。

①産前産後休業の開始により育児休業期間が終了した場合で、産前産後休業またはその産前産後休業中に出産した子の育児休業が終了する日までにその子のすべてが、次のいずれかに該当するに至ったとき

    a   死亡したとき

    b   養子となったことその他の事情により労働者と同居しないこととなったとき

②新たな育児休業の開始により育児休業期間が終了した場合で、新たな育児休業の対象となった子のすべてが、次のいずれかに該当するに至ったとき

    a   死亡したとき

    b   養子となったことその他の事情により労働者と同居しないこととなったとき

    c   特別養子縁組が成立せず審判が終了したときまたは養子縁組が成立しないまま児童福祉法の措置が解除されたとき

③介護休業の開始により育児休業期間が終了した場合で、介護休業の対象となった対象家族が次のいずれかに該当するに至ったとき

    a   死亡したとき

    b   離婚、婚姻の取消、離縁等により、対象家族と労働者との親族関係が消滅したとき

④配偶者が死亡したとき

⑤配偶者が負傷、疾病または身体上もしくは精神上の障害により子を養育することが困難な状態になったとき

⑥婚姻の解消その他の事情により配偶者が子と同居しないこととなったとき

⑦子が負傷、疾病または身体上もしくは精神上の障害により、2週間以上の期間にわたり世話を必要とする状態になったとき

⑧子について保育所等における保育の利用を希望し、申込みを行っているが、当面その実施が行われないとき

▶子の出生日または出産予定日のいずれか遅いほうから8週間以内にした最初の育児休業

「パパ休暇」については、男性労働者の育児休業取得を促進するために設けられたものであり、取得できるのは、原則として出生日から8週間後までの間となります。

「子の出生日または出産予定日のいずれか遅いほうから8週間以内」とされているのは、出産予定日と実際の出生日が異なる場合において、パパ休暇の取得に関する労働者の期待を保護する観点からパパ休暇の期間が設定されているためです。実際には、パパ休暇は以下の期間となります。

①出産予定日前に子が生まれた場合には、出生日から出産予定日の8週間後まで

②出産予定日後に子が生まれた場合には、出産予定日から出生日の8週間後まで

なお、「パパ休暇」は男性労働者の育児休業取得促進のために設けられたものですが、例えば養子縁組をした場合など、法律の要件を満たす場合には女性労働者であっても対象となり得ます（育介通達）。

モデル規程⑨-3

育児休業の申出の手続き等

第9条（続き）

3. 会社は、育児休業申出書を受け取るに当たり、<u>必要最小限度の各種証明書</u>の提出を求めることがある。

4. 育児休業申出書が提出されたときは、会社は<u>速</u>やかに当該育児休業申出書を提出した者（以下、この章において「申出者」という。）に対し、<u>育児休業取扱通知書（社内様式2）を交付する</u>。

5. <u>申出の日後に申出に係る子が出生したときは、申出者は、出生後2週間以内に人事部労務課に育児休業対象児出生届（社内様式3）を提出しなければならない</u>。

▶ 概要

　事業主は労働者からの申出を受けたときには、育児休業開始予定日等の定められた事項を速やかに通知しなければならないとされています（育介則7条4項）。労働者は、育児休業申出後に子が出生した場合には一定の事項を事業主に速やかに通知しなければなりません（育介則7条8項）。

　事業主は、育児休業の申出の時点および申出後の出生の場合に事実を証明することのできる書類の提出を求めることができます（育介則7条7項・8項）。

▶ 条文解説

第3項

▶ 必要最小限度の各種証明書

　事業主は労働者から育児休業の申出があったときには、妊娠、出生、養子縁組の事実またはその他の事情を証明することのできる書類の提出を求めることができます（育介則7条7項）。ただし、労働者に過大な負担をかけることのないようにすべきものであることとされ

ており、労働者が証明書類の提出を拒んだ場合でも育児休業申出自体の効力には影響がないとされていますので（育介通達）、育児休業の取得を拒否することはできません。

〈証明書類の例〉

①妊娠の事実：医師が交付する診断書

②出生の事実：官公署が発行する出生届受理証明書

③出産予定日の事実：医師が交付する診断書

④養子縁組の事実：官公署が発行する養子縁組届受理証明書

⑤特別養子縁組の監護期間にあること：事件が係属している家庭裁判所等が発行する事件係属証明書

⑥養子縁組里親に委託されていること：委託措置決定通知書

⑦養育里親であること：児童相談所長が発行する証明書　など

第4項

▶速やかに

「速やかに」とは、原則として労働者が育児休業の申出をした時点からおおむね2週間以内をいいます。ただし、育児休業の申出の日から育児休業開始予定日までの期間が2週間に満たない場合は、育児休業開始予定日までに通知することとされています。

なお、後述する育児休業開始予定日の指定を行う場合は、その定められた期間までに通知しなければなりません（育介則7条4項、育介通達。P.82参照）。

▶育児休業取扱通知書（社内様式2）を交付

事業主は、労働者から育児休業の申出があった場合に以下の事項を労働者に通知しなければならないとされています（育介則7条4項）。

①育児休業申出を受けた旨

②育児休業開始予定日（申出期限に遅れたため事業主が指定する場合にはその指定する日）および育児休業終了予定日

③育児休業申出を拒む場合にはその旨およびその理由

　通知の方法として、ここでは「育児休業取扱通知書」という書面にて通知することとしています。書面交付以外にも労働者が希望する場合にはファックス送信や電子メールの送信での通知も可能です（育介則7条5項）。

▌第5項▌

▶申出の日後に申出に係る子が出生したとき

　育児休業の申出は、例えば男性労働者が配偶者の出産予定日から育児休業を取得する場合など実際の子の出生前になされることがあります。そのような場合で、実際に子が出生したときには、子の氏名、生年月日、労働者との続柄を事業主に速やかに通知しなければなりません（育介則7条8項）。

　モデル規程では「育児休業対象児出生届（社内様式3）」という名称ですが、上記項目が網羅されていればどのような名称でも構いません。また、その他の通知方法を採用する場合は「育児休業申出書」の場合と同様です。

◉ 実務ポイント・事例 ——

出生時の連絡（子の氏名・生年月日）

　上記第5項の規定は、出生前の育児休業申出の場合、申出時点で子の生年月日・氏名等は不明なため、出生後に必要情報を届け出なければならないという規定です。出生後に育児休業を申し出る場合は第1項に規定している「育児休業申出書」の提出だけですが、出生前に育児休業を申し出る場合には、出生前に「育児休業申出書」、出生後に「育児休業対象児出生届」と2回提出することになります。「育児休業対象児出生届」については、育児休業取得の有無にかかわらず子が生まれた労働者全般に適用できるように、単に「出生届」といった社内様式を利用して

076

いるケースもあります。

　子の氏名・生年月日については、法に基づくほか、出産・育児にまつわる社会保険・雇用保険の手続きを行う場合において必要な情報です。実出産日を起点にして産後休業、育児休業の期間が確定するほか、健康保険の出産手当金の申請期間、健康保険・厚生年金保険の保険料免除の申出、雇用保険の育児休業給付金の申請等に関わりますので、正確に生年月日を把握する必要があります。また、子の氏名については、社会保険料の免除の申出においてフリガナも必要ですので、社内様式の子の氏名欄にはフリガナの欄も設けておいたほうが有用です。

モデル規程⑩

育児休業の申出の撤回等

第10条

1. 申出者は、育児休業開始予定日の前日までは、<u>育児休業申出撤回届（社内様式4）を人事部労務課に提出する</u>ことにより、育児休業の申出を撤回することができる。

2. 育児休業申出撤回届が提出されたときは、会社は速やかに当該育児休業申出撤回届を提出した者に対し、<u>育児休業取扱通知書（社内様式2）を交付す</u>る。

3. 育児休業の申出を撤回した者は、<u>特別の事情がない限り同一の子について</u>は再度申出をすることができない。ただし、<u>第8条第1項に基づく休業の申出を撤回した者であっても、同条第4項および第5項に基づく休業の申出をすることができ、第8条第4項に基づく休業の申出を撤回した者であっても、同条第5項に基づく休業の申出をする</u>ことができる。

4. 育児休業開始予定日の前日までに、子の死亡等により申出者が休業申出に<u>係る子を養育しないこととなった場合</u>には、育児休業の申出はされなかったものとみなす。この場合において、申出者は、<u>原則として当該事由が発生した日</u>に、人事部労務課にその旨を通知しなければならない。

第2章　モデル規程の逐条解説　　077

▶ 概要

　育児休業開始予定日の前日までは、労働者は事由を問わず育児休業の申出を撤回することができますが、その申出の対象となった子については特別の事情がない限り、育児休業の再申出はできません（育介法8条1項・2項）。

　また、育児休業開始予定日の前日までにその申出の対象となった子を養育しないこととなった場合は、申出はなかったことになります（育介法8条3項）。

▶ 条文解説

▌第1項▐

▶育児休業申出撤回届（社内様式4）を人事部労務課に提出

　育児休業の申出の撤回は、労働者がその旨とその年月日を事業主に申し出ることによって行わなければなりません（育介則18条1項）。申出撤回の方法は育児休業申出と同様に原則として書面で行うことになりますので、ここでは「育児休業申出撤回届」という社内様式を提出することとしています（育児休業申出と同様に他の通知方法を採用することも可能です。P.68参照）。

▌第2項▐

▶育児休業取扱通知書（社内様式2）を交付

　申出撤回に対して事業主は、労働者に申出撤回を受けた旨を通知しなければなりません（育介則18条2項）。

▌第3項▐

▶特別の事情

　育児休業開始予定日の前日までは事由を問わず申出の撤回ができるとされているため、事業主の雇用管理への影響も考え、いったん撤回

した育児休業申出に係る子については、育児休業をせざるを得ない特別の事情がない限り再申出はできないという規定です。

申出の撤回をした労働者が再申出できる「特別の事情」は、以下の事情となります（育介則19条）。

①配偶者の死亡

②配偶者が負傷、疾病または身体上もしくは精神上の障害により子を養育することが困難な状態になったとき

③婚姻の解消その他の事情により配偶者が同居しないこととなったとき

④子が負傷、疾病または身体上もしくは精神上の障害により、2週間以上の期間にわたり世話を必要とする状態になったとき

⑤子について保育所等における保育の利用を希望し、申込みを行っているが、当面その実施が行われないとき

上記について、「負傷、疾病または身体上もしくは精神上の障害」の解釈および「2週間以上」の考え方は、後述する介護休業の場合と同様であり（P.94参照）、乳幼児の通常の成育過程において日常生活上必要な便宜を供与する必要がある場合はこれに該当しません。

▶**第8条第1項に基づく休業の申出を撤回した者であっても、同条第4項および第5項に基づく休業の申出をすることができ、第8条第4項に基づく休業の申出を撤回した者であっても、同条第5項に基づく休業の申出をすることができる**

子が1歳に達するまでの育児休業の申出を撤回した場合であっても、子が1歳6カ月および2歳までの育児休業申出は可能であり、1歳6カ月までの育児休業の申出を撤回した場合でも、2歳までの育児休業申出は可能となっています。これは、各期間における育児休業の申出は法律上異なるものとされているからです。ただし、撤回後本人が育児休業をしていない場合でも、育児休業取得の要件にあるように、1歳（または1歳6カ月）に達する日において配偶者が育児休業をしている場合に限ります。

第2章　モデル規程の逐条解説　079

▌第4項▐

▶子を養育しないこととなった場合

　申出がされなかったものとみなされる「子を養育しないこととなった場合」とは、具体的には以下の場合をいいます（育介則20条）。

①子の死亡

②子が養子の場合における離縁または養子縁組の取消

③子が他人の養子になったことその他の事情により同居しないこととなったとき

④特別養子縁組が成立せず審判が終了したときまたは養子縁組が成立しないまま児童福祉法の措置が解除されたとき

⑤労働者が負傷、疾病または身体上もしくは精神上の障害により、子が1歳（1歳6カ月または2歳までの育児休業の場合はそれぞれの年齢）に達するまでの間、子を養育することができない状態になったとき

⑥パパ・ママ育休プラスの特例により1歳到達日の翌日以降育児休業をする場合で、労働者の配偶者が育児休業をしていないとき

▶原則として当該事由が発生した日

　育児休業の申出がされなかったとみなされる事由が生じた場合には、労働者は遅滞なく通知する義務が課されています（育介法8条3項）。「遅滞なく」とは、なるべく事由が生じた日の当日に通知することが求められるとされているため（育介通達）、この規定においても当該事由が発生した日に通知しなければならないとしています。

　これらの事由が発生すれば当然に申出はされなかったとみなされ、通知することにより法律上の効果が発生するわけではないので注意が必要です。

080

▶実務ポイント・事例

申出の撤回を防ぐために

　申出の撤回については、それほど多くある事例ではありませんが、想定し得るのは任意の期間で仕事の都合がつけば育児休業を取得したいといった場合に、やはり仕事の都合で取得できなくなったケースなどです。後述する育児休業開始予定日の変更について、法律上の規定では繰り上げはありますが繰り下げの規定はありませんので、正式に申出をした後は開始予定日を後ろ倒しにすることもできません。いったん申出の撤回を行うと自由に再申出はできませんので、事業主と労働者で事前に仕事の調整などを十分に行い、1カ月前までなどの申出期限も守りながら確定した期間で正式な申出をすることが望まれます。

モデル規程⑪-1

育児休業の期間等

第11条

1. 育児休業の期間は、<u>原則として</u>、子が1歳に達するまで（第8条第3項、第4項および第5項に基づく休業の場合は、それぞれ定められた時期まで）を限度として<u>育児休業申出書（社内様式1）に記載された期間</u>とする。

2. 本条第1項にかかわらず、会社は、<u>育児・介護休業法の定めるところにより育児休業開始予定日の指定を行うことができる</u>。

▶概要

　育児休業をすることができる期間は、原則として子が出生した日から子が1歳に達する日まで（パパ・ママ育休プラス制度の場合は1歳2カ月まで、取得期間の延長の場合は1歳6カ月または2歳まで）の間で労働者が申し出た連続するひとまとまりの期間です。ただし、前述の申出期限を過ぎて申出がされた場合には、事業主は一定の範囲で育児休業の開始日を指定することができます（育介法6条3項）。

第2章　モデル規程の逐条解説　081

❯ 条文解説

┃第1項┃

► 原則として

　「原則として」とされているのは、申出期限に遅れて申出があった場合の事業主の指定など第2項以降で変更の可能性があるためです。

► 育児休業申出書（社内様式1）に記載された期間

　育児休業をすることができる期間は、育児休業開始予定日とされた日から育児休業終了予定日とされた日までの間です（育介法9条1項）。

　1歳までの育児休業の場合は1歳の誕生日の前日まで、パパ・ママ育休プラスの場合は1歳2カ月応当日の前日まで、1歳（または1歳2カ月）から1歳6カ月までの育児休業の場合は1歳6カ月応当日の前日まで、1歳6カ月から2歳までの育児休業の場合は2歳の誕生日の前日までの間で「育児休業申出書」に育児休業開始予定日と育児休業終了予定日を記載することによって期間を明らかにします。

┃第2項┃

► 育児・介護休業法の定めるところにより育児休業開始予定日の指定

　育児休業は、原則として労働者が希望した開始予定日から取得できますが、モデル規程第9条第1項の申出期限の解説で触れたように、申出期限に遅れることにより、労働者の希望する育児休業開始予定日とされた日が育児休業申出日の翌日から起算して1カ月（1歳6カ月までまたは2歳までの育児休業の場合は2週間）を経過する日より前の日となった場合は、事業主は、育児休業申出日の翌日から起算して1カ月（2週間）を経過する日までの間で育児休業開始予定日を指定することができます（育介法6条3項、**[図表9]**）。

　ただし、以下のような事由により育児休業を取得することが早急に必要な場合は、育児休業申出日の翌日から起算して1週間を経過する

日までの間で指定することとされています（育介則10条、11条、[**図表10**]）。
　①出産予定日前に子が出生したこと
　②育児休業申出に係る子の親である配偶者の死亡
　③配偶者が負傷または疾病により子を養育することが困難になったこと
　④配偶者が離婚等により子と同居しなくなったこと
　⑤子が負傷、疾病または身体上もしくは精神上の障害により、2週間以上の期間にわたり世話を必要とする状態になったとき
　⑥子について保育所等における保育の利用を希望し、申込みを行っているが、当面その実施が行われないとき
　この育児休業の開始予定日の指定は、育児休業申出日の翌日から起算して3日以内（育児休業開始予定日とされた日までに3日ない場合

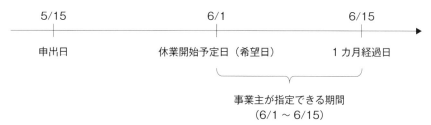

図表9　育児休業開始日の指定（特別の事情がない場合）

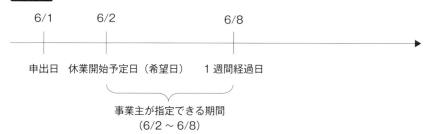

図表10　育児休業開始日の指定（特別の事情がある場合）

は育児休業開始予定日とされた日まで）に行わなければなりません（育介則12条）。

▶ 実務ポイント・事例

育児休業開始予定日

　育児休業に係る子を出産した女性労働者は、労基法の規定により産後8週間の産後休業が認められているため、育児休業は産後休業後から取得が可能となります（女性労働者でも養子縁組の場合は異なります）。一方、男性労働者は子が出生した日から育児休業を取得することが可能です。ただし、男性労働者が子の出生日当日から育児休業を取得したい場合に、育児休業開始予定日の1カ月前までに申出を行わなければならないことを鑑みると、出産予定日を開始予定日とせざるを得ず、配偶者の出産予定日から取得することが可能です。

　男性労働者が配偶者の出産予定日から育児休業を取得した場合で実出産日が出産予定日後となった場合、社会保険料の免除の期間に関しては、出産予定日から申し出ることができますが、雇用保険の育児休業給付金に関しては、あくまで実出産日からの期間の申請となることに注意が必要です。

モデル規程⑪-2

育児休業の期間等

第11条（続き）

3. 従業員は、育児休業期間変更申出書（社内様式5）により人事部労務課に、育児休業開始予定日の1週間前までに申し出ることにより、育児休業開始予定日の繰り上げ変更を、また、育児休業を終了しようとする日（以下、「育児休業終了予定日」という。）の1カ月前（第8条第4項および第5項に基づく休業をしている場合は、2週間前）までに申し出ることにより、育児休業終了予定日の繰り下げ変更を行うことができる。

　　なお、育児休業開始予定日の繰り上げ変更および育児休業終了予定日の繰

り下げ変更とも、原則として1回に限り行うことができるが、第8条第4項および第5項に基づく休業の場合には、第8条第1項に基づく休業とは別に、子が1歳から1歳6カ月に達するまでおよび1歳6カ月から2歳に達するまでの期間内で、それぞれ1回、育児休業終了予定日の繰り下げ変更を行うことができる。

4. 育児休業期間変更申出書が提出されたときは、会社は速やかに当該育児休業期間変更申出書を提出した者に対し、育児休業取扱通知書（社内様式2）を交付する。

▶ 概要

　労働者は出産予定日前に子が出生したこと等一定の事由がある場合に、1回に限り育児休業の開始日を繰り上げ変更することができます（育介法7条1項）。

　また、労働者は一定の期日までに申し出ることにより、事由を問わず1回に限り育児休業を終了する日を繰り下げ変更することができます（育介法7条3項）。

　繰り下げ変更に関しては、子が1歳に達するまでの休業、1歳から1歳6カ月までの休業、1歳6カ月から2歳までの休業のそれぞれの期間について各1回ずつ行うことができます。

▶ 条文解説

┃第3項┃

▶ 育児休業開始予定日の1週間前まで

　　労働者が希望どおりの日に繰り上げ変更するには、育児休業開始予定日の1週間前までに変更の申出をする必要があります。繰り上げ変更の申出がこれより遅れた場合は、事業主は、変更後の育児休業開始予定日から変更の申出日の翌日から起算して1週間を経過する日までの間で休業開始日を指定することができます（育介法7条2項、育介則14条）。

第2章　モデル規程の逐条解説　085

▶育児休業を終了しようとする日（以下、「育児休業終了予定日」という。）の1カ月前（第8条第4項および第5項に基づく休業をしている場合は、2週間前）まで

　労働者が1歳までの育児休業終了予定日の繰り下げ変更を行う場合は、当初の終了予定日の1カ月前までに申出をしなければなりません。また、1歳6カ月または2歳までの育児休業終了予定日を繰り下げ変更する場合は2週間前までに申出をしなければなりません（育介法7条3項、育介則16条）。

▶第8条第4項および第5項に基づく休業の場合には、第8条第1項に基づく休業とは別に、子が1歳から1歳6カ月に達するまでおよび1歳6カ月から2歳に達するまでの期間内で、それぞれ1回

　育児休業開始予定日の繰り上げ変更、育児休業終了予定日の繰り下げ変更ともに原則として1回限り可能ですが、繰り下げ変更については、1歳までの期間で1回繰り下げ変更を行ったとしても、1歳から1歳6カ月または1歳6カ月から2歳までの各期間内でもそれぞれ1回に限り繰り下げ変更を行うことが可能です。

▌第4項▐

▶育児休業取扱通知書（社内様式2）を交付

　事業主は、育児休業開始予定日の繰り上げ変更または育児休業終了予定日の繰り下げ変更の申出がされた場合には、育児休業の申出がされた場合と同様に、労働者に以下の事項を速やかに通知しなければなりません（育介則13条2項、17条2項）。

①変更申出を受けた旨

②育児休業開始予定日（事業主が指定する場合は当該指定する日）および育児休業終了予定日

　変更申出に対する事業主の通知については、育児休業の申出と同様に書面を交付する方法によって行うことになっていますが、労働者が

希望する場合はファックスまたは電子メールによって通知することも可能です。

❯ 実務ポイント・事例

育児休業期間の繰り上げ・繰り下げまとめ

	1歳まで	1歳〜 1歳6カ月まで	1歳6カ月〜 2歳まで
開始予定日の **繰り上げ**	○ ※一定の事由	—	—
開始予定日の 繰り下げ	定めなし	—	—
終了予定日の **繰り下げ**	○ 事由問わず	○ 事由問わず	○ 事由問わず
終了予定日の 繰り上げ	定めなし	定めなし	定めなし

※「一定の事由」とは、P.83の①〜⑥のいずれかに当たる場合を指す。

法律上で育児休業期間の変更申出が認められているのは、1歳までの育児休業に関して一定の事由がある場合の「開始予定日の繰り上げ」と、事由を問わず各育児休業期間における「終了予定日の繰り下げ」のみです。その他に関しては法律上の定めがありません。

開始予定日に関しては、1歳までの育児休業については一定の事由がある場合に繰り上げが認められますが、繰り下げについては定めがないので、必ずしも規定化する必要はありません。1歳から1歳6カ月までの育児休業、1歳6カ月から2歳までの育児休業の開始予定日に関しては、それぞれ1歳到達日の翌日（1歳の誕生日）、1歳6カ月到達日の翌日（1歳6カ月応当日）を育児休業開始予定日としなければならないと定められていますので（育介法5条6項）、変更の余地はありません。

終了予定日に関しては、1歳まで、1歳6カ月まで、2歳までの各期間において1回ずつ事由を問わず繰り下げをすることが可能です。一方、繰り上げに関しては定めがありませんので、規定化する必要はありません。

しかし、仕事の都合上、育児休業開始予定日を後の日程に繰り下げたいといった場合や、想定外に早めに保育所に預けることができたので育児休業終了予定日を繰り上げて復帰したいといった労働者側の都合に応じて、法に定められていない部分を会社で規定化して認めることも可能です。

　さらに、法定よりも多く変更を認めることにより生じる影響にも注意する必要があります。例えば、育児休業中の代替要員として派遣労働者を受け入れている場合に、労働者が終了予定日を繰り上げて復帰をするとなると、当然に派遣労働者に契約期間を短縮・終了してもらうことは難しく、当初予定されていた派遣契約期間の残期間の補償を行うなどの対応が必要になります。法に定められていない部分の繰り上げ・繰り下げについては労働者側に便宜を図ることと、それに伴う人員配置の調整等の煩雑さなど総合的に考慮した上で規定化することが肝要です。

❯ 規定バリエーション

育児休業終了予定日の繰り下げのほか繰り上げも認める場合

> **バリエーション例**
>
> **第11条**
>
> 3.　従業員は、育児休業期間変更申出書（社内様式5）により人事部労務課に、育児休業開始予定日の1週間前までに申し出ることにより、育児休業開始予定日の繰り上げ変更を、また、育児休業を終了しようとする日（以下、「育児休業終了予定日」という。）の1カ月前（第8条第4項および第5項に基づく休業をしている場合は、2週間前）までに申し出ることにより、育児休業終了予定日の繰り下げ変更および繰り上げ変更を行うことができる。
>
> 　　なお、育児休業開始予定日の繰り上げ変更ならびに育児休業終了予定日の繰り下げ変更および繰り上げ変更とも、原則として1回に限り行うことができるが、第8条第4項および第5項に基づく休業の場合には、第8条第1項に基づく休業とは別に、子が1歳から1歳6カ月に達するまでおよび1歳6カ月から2歳に達するまでの期間内で、それぞれ1回、育児休業終了予定日の繰り下げ変更および繰り上げ変更を行うことができる。

088

モデル規程⑪-3

育児休業の期間等

第11条（続き）

5. 次の各号に掲げるいずれかの事由が生じた場合には、育児休業は終了する
   ものとし、当該育児休業の終了日は当該各号に掲げる日とする。

   （1）子の死亡等育児休業に係る子を養育しないこととなった場合

   　　　当該事由が発生した日（なお、この場合において本人が出勤する日は、
   　　　事由発生の日から2週間以内であって、会社と本人が話し合いの上決定
   　　　した日とする。）

   （2）育児休業に係る子が1歳に達した場合等

   　　　子が1歳に達した日（第8条第3項に基づく休業の場合を除く。第8条
   　　　第4項に基づく休業の場合は、子が1歳6カ月に達した日。第8条第5項
   　　　に基づく休業の場合は、子が2歳に達した日）

   （3）申出者について、産前産後休業、介護休業または新たな育児休業期間
   　　　が始まった場合

   　　　産前産後休業、介護休業または新たな育児休業の開始日の前日

   （4）第8条第3項に基づく休業において、出生日以後の産前・産後休業期
   　　　間と育児休業期間との合計が1年に達した場合

   　　　当該1年に達した日

6. 本条第5項第1号の事由が生じた場合には、申出者は原則として当該事由
   が生じた日に人事部労務課にその旨を通知しなければならない。

▶ 概要

　育児休業の期間は原則として労働者が申し出た育児休業開始予定日か
ら育児休業終了予定日までの期間ですが、子を養育しないこととなった
こと等一定の事由が生じた場合には労働者の意思にかかわらず終了しま
す（育介法9条2項）。

　また、労働者は事業主に対して当該事由が生じた旨を遅滞なく通知し
なければなりません（育介法9条3項）。

第2章　モデル規程の逐条解説　089

▶条文解説

▐第5項▐

▶育児休業に係る子を養育しないこととなった場合

労働者の意思によらず育児休業を終了しなければならない「子を養育しないこととなった場合」とは、具体的には以下の場合をいいます（育介則21条）。

①子の死亡

②子が養子の場合における離縁または養子縁組の取消

③子が他人の養子になったことその他の事情により同居しないこととなったとき

④特別養子縁組が成立せずに審判が終了したときまたは養子縁組が成立しないまま児童福祉法の措置が解除されたとき

⑤労働者が負傷、疾病または身体上もしくは精神上の障害により、子が1歳（1歳6カ月または2歳までの育児休業の場合はそれぞれの年齢）に達するまでの間、子を養育することができない状態になったとき

▶本人が出勤する日は、事由発生の日から2週間以内であって、会社と本人が話し合いの上決定した日とする

子の死亡等の想定外の事由により突然育児休業を終了しなければならなくなった場合には、当然にその事由発生日で育児休業は終了しますが、実際は労働者本人の復職に対する準備や職場の受け入れ体制の準備などにより即時に復帰することは難しいことが多いのが現状です。

実際の出勤日（復帰日）についてこうすべきという法律上の規定はありませんが、ある程度の日数の余裕をもって設定することが現実的であり、このモデル規程では2週間以内で話し合いの上決定した日としています。

▶ **子が1歳に達した日（第8条第3項に基づく休業の場合を除く**

　「第8条第3項に基づく休業の場合を除く」とは、パパ・ママ育休プラスの特例による休業の場合は、育児休業終了日が原則1歳到達日のところ、1歳2カ月までで育児休業終了予定日とされた日（第4号に規定されたように産休・育休合わせて最大1年間まで）になるからです。

▶ **産前産後休業、介護休業または新たな育児休業期間が始まった場合**

　労働者本人について産前産後休業、介護休業もしくは新たな育児休業が始まった場合には育児休業は終了します。

　産前休業に関しては労働者が申出をしない限りは当然の休業とはなりませんが、産後休業は強制休業ですので出産日後は必ず産後休業が優先となり、出産日にて育児休業は終了することになります。

　「新たな育児休業期間」とは、現時点の育児休業申出の子とは異なる子について開始する育児休業期間のことをいいます。

‖第6項‖

▶ **原則として当該事由が生じた日**

　育児休業の終了事由の一つである子を養育しないこととなった事由が生じた場合には、育児休業の申出がされなかったとみなされる場合と同様に、労働者は遅滞なく事業主に通知しなければなりません（育介法9条3項）。「遅滞なく」についても同様の意であり、なるべく事由が生じた日の当日に通知するものと解されます。

● 実務ポイント・事例

育児休業中に一時的に就労する場合は育児休業の終了となるか

　育児休業が終了となる事由は、子の死亡等により子の養育をしないこととなった場合、1歳等の年齢に到達した場合、産前産後休業・介護休業・新たな育児休業が生じた場合と法律上定められており、本人の意思

で終了させる以外の他の終了事由を追加することは原則としてできません。

　育児休業期間中に一時的・臨時的に子の養育をする必要がなくなる場合もありますが、その場合を当然の終了事由とすることは労働者にとっても酷であり、事業主にとっても要員管理が不安定となるため当然終了事由とはされていません。そのような場合に、話し合いにより育児休業期間中の労働者がその事業主の下で就労することは妨げられないとされており、育児休業を終了させる特段の合意がない限り育児休業が終了することにはならず、当初の申出期間に満たない期間中は中断していた育児休業を再開することができるものとされています（育介通達）。

　なお、育児休業期間中に就業した場合の雇用保険の育児休業給付金の受給については、支給単位期間（育児休業を開始した日から起算した1カ月ごとの期間）中に就業している日が10日以内（10日を超える場合は就業時間が80時間以内）であれば受給可能です。ただし、就業したことにより賃金が支払われますので、その金額によっては育児休業給付金が減額支給または不支給となる場合があります。

3 介護休業

モデル規程⑫

介護休業の対象者

第12条

1. 要介護状態にある対象家族を介護する従業員（日雇従業員は除く）は、この規則の定めるところにより介護休業をすることができる。ただし、有期契約従業員にあっては、申出時点において、次のいずれにも該当する者に限り介護休業をすることができる。

   イ　入社1年以上であること。

   ロ　介護休業を開始しようとする日（以下、「介護休業開始予定日」という。）から93日経過日から6カ月を経過する日までに労働契約期間が満了し、更新されないことが明らかでないこと。

2. 本条第1項にかかわらず、労使協定により除外された次の従業員からの休業の申出は拒むことができる。

   イ　入社1年未満の従業員

   ロ　申出の日から93日以内に雇用関係が終了することが明らかな従業員

   ハ　1週間の所定労働日数が2日以下の従業員

3. この要介護状態にある対象家族とは、負傷、疾病または身体上もしくは精神上の障害により、2週間以上の期間にわたり常時介護を必要とする状態にある次の者をいう。

   イ　配偶者

   ロ　父母

   ハ　子

   ニ　配偶者の父母

   ホ　祖父母、兄弟姉妹または孫

▶ 概要

　法に基づく介護休業は、要介護状態にある対象家族を介護する男女労働者が、事業主に申し出ることによってすることができます。期間を定めて雇用される労働者（有期契約労働者）には入社1年以上であるなど

第2章　モデル規程の逐条解説　093

一定の要件が課されています。

　また、労使協定を締結することによって入社1年未満の従業員等一定の労働者を除外することができます。

　本条は、介護休業の対象となる要介護状態、対象家族および介護休業を取得することができる対象労働者を定めた条文になるため、正確に理解して規定に反映させておく必要があります（育介法2条、11条1項、12条2項）。

◉ 条文解説

┃第1項┃

▶ 要介護状態

　要介護状態とは、負傷、疾病または身体上もしくは精神上の障害により、2週間以上の期間にわたり常時介護を必要とする状態をいいます。なお、介護保険制度における「要介護状態」と必ずしも一致するものではないので注意が必要です。常時介護を必要とする状態については、「常時介護を必要とする状態に関する判断基準」（P.299の巻末資料）の表を参照しつつ判断することとなります（育介法2条2号・3号、育介則2条）。

　介護というと寝たきりや、動けない状態での介護をイメージしがちですが、必ずしもそうではなく、判断基準の表にあるように動くことはできるものの、対象者について見守り等が必要な場合も含まれています。認知症等の介護が増えている現状では、常時介護を必要とする状態についての判断がより難しくなっています。そのため、この表の基準に厳密に従うことにとらわれて、労働者の介護休業の取得が制限されてしまわないように個々の事情に合わせて、仕事と介護を両立できるよう柔軟に運用する必要があります（育介法12条2項）。

▶ 対象家族

　介護休業の対象となる対象家族の範囲は、配偶者・父母・子・配偶

者の父母・祖父母、兄弟姉妹および孫になります。配偶者については、婚姻の届出をしていないが事実上婚姻関係と同様の事情にある者を含みます。子については実子のみならず養子も含みますが、育児休業とは異なり法律上の親子関係がある子のみになります。なお、平成29年1月の法改正により、祖父母、兄弟姉妹および孫の同居要件と扶養要件がなくなりました（育介法2条4号、育介則3条、[**図表11**]）。

▶ <u>有期契約従業員</u>

　有期契約労働者（期間を定めて雇用される労働者）は「要介護状態にある対象家族を介護する」という条件のほかに、申出時点で以下の要件に該当すれば介護休業を取得することができます。育児休業と同

図表11 介護休業の対象となる対象家族の範囲

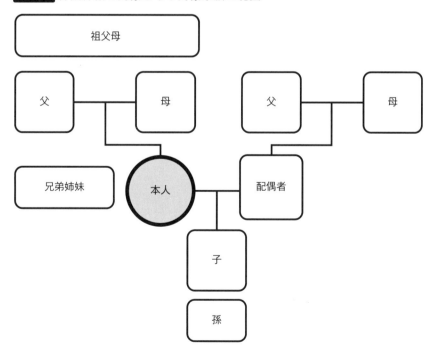

図表12 有期契約労働者の介護休業取得可能な例

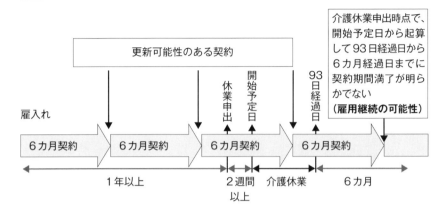

様に、法によって取得できる対象労働者が限定されています（育介法11条1項、[**図表12**]）。

　①同一の事業主に引き続き1年以上雇用されていること

　②介護休業開始予定日から93日経過日から6カ月を経過する日までに労働契約（更新される場合には更新後の契約）が満了することが明らかでないこと

「同一の事業主に引き続き1年以上雇用」とは、介護休業の申出があった日の直前1年間について、勤務の実態に即し雇用関係が実質的に継続していることをいうものであり、契約期間が形式的に連続しているか否かにより判断するものではないこととされています（育介指針）。

▶ <u>更新されないことが明らか</u>

「更新されないことが明らか」か否かについては、申出のあった時点において判明している事情に基づき、契約更新がされないことが確実であるか否かによって判断します。例えば、以下のいずれかに該当する場合は更新がないことが確実であると判断されます（育介指針、[**図表13**]）。

　①書面または口頭で労働契約の更新回数の上限が明示されており、

図表13 更新されないことが明らかな例

①の例：「雇入れ時に6カ月契約で更新3回までと明示」

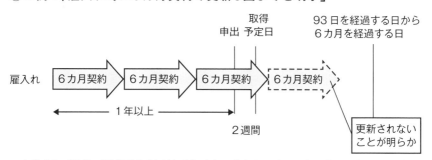

※申出時点で最後の契約更新（点線矢印）を行ったとしても、取得予定日から93日を経過する日から6カ月を経過する日に到達しないことが明らか。

②の例：「雇入れ時に3年契約で更新なしと明示」

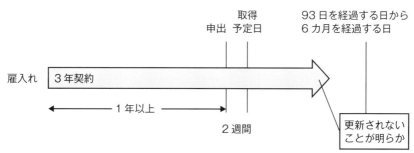

※申出時点で契約の終了日が、取得予定日から93日経過する日から6カ月を経過する日前であることが明らか。

　　その上限まで更新された場合の期間の末日が、介護休業開始予定日から起算して、93日を経過する日から6カ月を経過する日以前の日である

　②書面または口頭で労働契約の更新をしない旨が明示されており、申出時点で締結している労働契約の期間の末日が、介護休業開始予定日から起算して、93日を経過する日から6カ月を経過する日以前の日である

　　ただし、①②のケースに該当する場合であっても、雇用の継続の見

込みに関する事業主の言動、同様の地位にある他の労働者の状況、当該労働者の過去の契約の更新状況等から、これに該当しない（介護休業を取得させなければならない）と判断される可能性もあります（育介指針）。

　よって、有期契約労働者からの介護休業申出を拒否する場合には慎重な判断が必要となります。

　前記の例のように、客観的に見ても明らかに契約終了日が決定している場合以外で、契約更新の可能性がある場合（「更新しない」と明示していない以上は契約更新の可能性があると判断されます）は、有期契約労働者の介護休業の取得が可能ということになります。

▌第2項▐

▶労使協定により除外

　第1項に記載された法による適用除外者以外は介護休業を取得させなければいけませんが、過半数労働組合または過半数労働組合がない場合は過半数代表者との労使協定を締結することにより、以下の労働者からの申出は拒むことができます（育介法12条2項、育介則24条）。

　①入社1年未満の労働者

　②介護休業申出の日から93日以内に雇用関係が終了することが明らかな労働者

　③1週間の所定労働日数が2日以下の労働者

　労使協定を締結したとしても、上記より広い範囲の労働者を除外することはできません。

　なお、介護休業にかかる制度の適用除外者を定めた労使協定については、労働基準監督署への届出は不要です。また、入社後の継続雇用期間には労働組合の専従期間、長期療養等のため休職している期間等の労務の提供が行われていない期間も、労働契約関係が継続する限り含まれます。

▶ 実務ポイント・事例

入社1年未満の有期契約労働者からの介護休業の申出

　入社から1年未満の有期契約労働者から介護休業の申出があった場合、法定除外者に該当するため休業を拒むことができますが、その後、入社から1年を経過した時点で介護休業を取得することが可能になります。

　そのため有期契約労働者からの介護休業の申出があった場合には、申出時点およびその後の取得の可能性について、あわせて確認しておく必要があります。

有期契約労働者の2回目、3回目の介護休業について

　有期契約労働者の法定除外者要件に「介護休業開始日から93日経過日から6カ月を経過する日までに労働契約期間が満了し、更新されないことが明らかな有期契約労働者」とありますが、こちらの要件については2回目、3回目の介護休業取得時に、介護休業期間の残日数が93日未満であっても上記要件を確認することになるため注意が必要です。

法を上回る対象者を認めた場合

　介護休業の対象者について、法定除外者を対象とすることや、介護休業対象家族の範囲を拡大して規定することは、法を上回ることになるため可能です。

　ただし、雇保法の介護休業給付については、あくまでも法に定める対象者および対象家族であることが条件になります。そのため、仮に事業主が入社1年未満の有期契約労働者に介護休業取得を認めたり、対象家族の範囲を配偶者の祖父母、兄弟姉妹にまで拡大したりしたとしても、介護休業給付の対象にはなりませんので注意が必要です。

▶規定バリエーション

法定除外者・協定除外者を規定しない

　介護休業の対象者について、法定および労使協定による除外を行わないことも可能です。

> **バリエーション例**
>
> **第12条**
> ○法定除外者・協定除外者を対象にする場合
> 第12条第1項ただし書き以下および第2項の削除
> ●協定除外者を対象にする場合
> 第12条第2項の削除

介護対象家族の範囲の拡大

　少子高齢化の進展に伴い、今後は介護に対する負担が増えることが見込まれます。配偶者の祖父母や兄弟姉妹の介護も行わなければならない状況も想定されます。そのため介護休業の対象となる家族の範囲を、法律の定めを超えて配偶者の祖父母や兄弟姉妹にまで拡大することも考えられます。

> **バリエーション例**
>
> **第12条**
> 第12条第3項に、次の項目を加筆
> 　　ヘ　配偶者の祖父母、兄弟姉妹

モデル規程⑬

介護休業の申出の手続き等

第13条

1. 介護休業をすることを希望する従業員は、原則として<u>介護休業開始予定日の２週間前まで</u>に、<u>介護休業申出書（社内様式６）を人事部労務課に提出</u>することにより申し出るものとする。なお、介護休業中の<u>有期契約従業員が労働契約を更新するに当たり、引き続き休業を希望する場合</u>には、更新された労働契約期間の初日を介護休業開始予定日として、介護休業申出書により再度の申出を行うものとする。

2. 申出は、<u>対象家族１人につき３回</u>までとする。ただし、本条第１項の後段の申出をしようとする場合にあっては、この限りでない。

3. 会社は、介護休業申出書を受け取るに当たり、<u>必要最小限度の各種証明書</u>の提出を求めることがある。

4. 介護休業申出書が提出されたときは、会社は<u>速やかに</u>当該介護休業申出書を提出した者（以下、この章において「申出者」という。）に対し、<u>介護休業取扱通知書（社内様式２）を交付</u>する。

▶ 概要

　育児休業同様、介護休業も事業主に対する労働者の申出を要件としており、一定の時期に一定の方法によって申出しなければなりません。具体的には、介護休業の取得に当たって労働者は、「いつまでに」「何を」「どのような方法で」「誰に」申出し、事業主は「いつまでに」「何を」「誰に」交付する必要があるのか、確認しておく必要があります（育介法11条３項、育介則23条）。

▶ 条文解説

┃第１項┃

▶ 介護休業開始予定日の２週間前まで

　労働者が希望どおりの日から介護休業をするためには、介護休業を開始しようとする日の２週間前までに申し出なければなりません（育

介法12条3項)。

▶介護休業申出書（社内様式6）を人事部労務課に提出

介護休業の申出は、次の事項を事業主に申し出ることによって行わなければなりません（育介則23条1項。社内様式6参照）。

①申出の年月日

②労働者の氏名

③申出に係る対象家族の氏名および労働者との続柄

④申出に係る対象家族が要介護状態にあること

⑤休業を開始しようとする日および休業を終了しようとする日

⑥申出に係る対象家族についてこれまでの介護休業日数

（後述する有期契約労働者が労働契約を更新する場合の再度の申出の場合には上記①②⑤の事項に限ります。）

モデル規程では、社内様式を提出させる方法を採用していますが、育児休業と同様に他の通知方法を採用することも可能です（P.68参照）。

▶有期契約従業員が労働契約を更新するに当たり、引き続き休業を希望

有期契約労働者が、労働契約の更新に伴い更新後の期間について、引き続き介護休業をしようとする場合には、再度の介護休業の申出が必要になります。この場合、申出の回数制限等の対象にはされません。ただし、休業日数が93日に達している場合には有期契約労働者に係る労働契約の更新に伴うときであっても、申出をすることができないので注意が必要です。なお、労働契約の更新に伴う申出の場合には、次の事項を記載した介護休業申出書を事業主に提出しなければなりません（育介法11条4項）。

①申出の年月日

②労働者の氏名

③休業を開始しようとする日および休業を終了しようとする日

第2項

▶ **対象家族1人につき3回**

　有期契約労働者が、契約の更新に伴い申出する場合を除き、介護休業の申出は、対象家族1人につき通算93日を限度に3回まで可能です（育介法11条2項、**[図表14]**）。

第3項

▶ **必要最小限度の各種証明書**

　事業主は、労働者に対して、申出に係る対象家族が要介護状態にあること等を証明することができる書類の提出を求めることができます。利用可能書類の例としては、証明すべき事実に応じ以下のとおりです。
　①対象家族と労働者の続柄
　　　住民票記載事項の証明書
　②要介護状態の事実
　　　当該対象家族に係る市区町村が交付する介護保険の被保険者証または医師、保健師、看護師、准看護師、理学療法士、作業療法士、社会福祉士または介護福祉士が交付する基準に係る事実を証明する書類

　証明することができる書類については、上記に限らず同僚等の第三者の申立書の提出なども含め、さまざまな方法が可能とされています。

図表14 介護休業取得イメージ

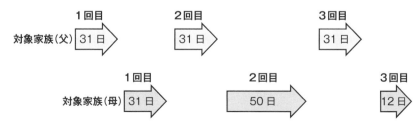

また、その提出に関しては、介護休業の申出をする労働者に過大な負担をかけることがないよう配慮する必要があります。仮に証明書がない場合であっても、本人の申出等により介護休業を取得する条件に該当していれば、介護休業の取得を認めることも必要です。介護休業に関しては、特に介護の状態がさまざまに変化することがあるので、臨機応変かつ柔軟に対応することが望まれます（育介則23条3項、育介通達）。

第4項

▶ 速やかに

　「速やかに」とは、原則として労働者が介護休業の申出をした時点から、おおむね1週間以内をいいます。ただし、介護休業の申出の日から介護休業開始予定日までの期間が1週間に満たない場合は、介護休業開始予定日までに通知することとされています（育介則23条2項、育介通達）。

▶ 介護休業取扱通知書（社内様式2）を交付

　事業主は、介護休業の申出がされたときは、次の事項を労働者に速やかに通知しなければなりません（育介則23条2項）。

　①介護休業申出を受けた旨

　②介護休業開始予定日（育介法12条3項の規定により事業主が開始日を指定する場合には、その指定日）および終了予定日

　③介護休業申出を拒む場合には、その旨およびその理由

　通知の方法として、ここでは「介護休業取扱通知書」という書面にて通知することとしています。書面交付以外にも労働者が希望する場合にはファックス送信や電子メールの送信での通知も可能です。

▶実務ポイント・事例

介護休業の回数制限について

　介護休業は、同じ事業主の下で、通算93日を限度に3回まで申し出ることが可能です。そのため、転職や移籍出向者が以前の会社で介護休業を取得していた場合であっても、今の事業主の下で通算93日を限度に3回まで取得することができます。ただし、雇保法の介護休業給付に関しては、別の事業主の下での取得期間や回数が通算されているため、給付の対象にならない場合があります［**図表15**］。

介護休業の申出時の確認について

　規定上では、「事業主は介護休業申出書を受け取るに当たり、必要最小限度の各種証明書の提出を求めることがある」となっていますが、実務上問題となるのが、医師の診断書がない場合や介護休業申出者が証明書類の添付を拒否する場合などです。この場合であっても、事業主が一方的に申出を拒むことはできません。介護休業申出書の介護を必要とする理由欄に明らかに該当するような病名があれば、それにより介護休業を認めざるを得ない場合も考えられます。また判断が難しい場合は、「常時介護を必要とする状態に関する判断基準」表の該当項目に記入して提出してもらう等、柔軟な対応をすることが必要です。

図表15　転職時の介護休業取得

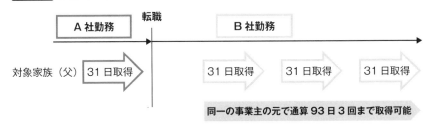

介護休業期間・回数の管理について

　介護休業については、対象家族1人について通算93日を限度に3回まで取得が可能になっています。事業主は、労働者から介護休業の申出があった場合に、その申出があった介護休業について取得させることが可能なのかどうかを判断しなければなりません。そのため、管理簿等により対象家族ごとの介護休業管理を行っていく必要があります。

法改正前の介護休業について

　平成29年1月1日改正前の育介法では、介護休業期間の上限は、介護休業と所定労働時間の短縮等の措置の期間を合わせて通算93日となっていましたが、法改正後の介護休業期間には、改正前の所定労働時間の短縮等の措置の期間は含めないことになっています。

❯ 規定バリエーション

介護休業申出期限の緩和

　介護休業は突発的に発生することが多いため、「2週間前」としている申出期限を「1週間前」等、労働者に有利にすることは可能です。

> **バリエーション例**
>
> 第13条
> 1. 介護休業をすることを希望する従業員は、原則として介護休業開始予定日の1週間前までに、介護休業申出書（社内様式6）を人事部労務課に提出することにより申し出るものとする。

介護休業申出回数の緩和

　介護の対象となる家族は高年齢の場合が多く、介護の頻度も高くなるため、申出回数について労働者に有利にすることも可能です。

バリエーション例

第13条

2. 申出は、対象家族1人につき5回までとする。

モデル規程⑭

介護休業の申出の撤回等

第14条

1. 申出者は、介護休業開始予定日の前日までは、介護休業申出撤回届（社内様式4）を人事部労務課に提出することにより、介護休業の申出を撤回することができる。

2. 介護休業申出撤回届が提出されたときは、会社は速やかに当該介護休業申出撤回届を提出した者に対し、介護休業取扱通知書（社内様式2）を交付する。

3. 同一対象家族について2回連続して介護休業の申出を撤回した者は、当該家族について再度の申出はすることができない。

4. 介護休業開始予定日の前日までに、申出に係る家族の死亡等により申出者が家族を介護しないこととなった場合には、介護休業の申出はされなかったものとみなす。この場合において、申出者は、原則として当該事由が発生した日に、人事部労務課にその旨を通知しなければならない。

▶ 概要

　介護休業開始予定日の前日までは、労働者は事由を問わず介護休業の申出を撤回することができますが、同一対象家族について2回連続して介護休業の申出を撤回した場合には、事業主は以後の介護休業の申出を拒むことができます。また、介護休業を開始する前に、一定の事由により介護休業をしないこととなった場合には、介護休業の申出自体がされなかったものとみなされます（育介法14条1項・2項、育介則29条、30条）。

▶条文解説

‖第1項‖

▶介護休業申出撤回届（社内様式4）を人事部労務課に提出

　介護休業の申出をした労働者は、介護休業開始予定日の前日までは、事由を問わずその介護休業の申出を撤回することができます（育介法14条1項）。

　申出の撤回は、事業主に申出を撤回する旨およびその年月日を申し出ることによって行わなければなりません。

　モデル規程では、社内様式を提出させる方法を採用していますが、育児休業と同様に他の通知方法を採用することも可能です（P.68, 78参照）。

‖第2項‖

▶介護休業取扱通知書（社内様式2）を交付

　撤回の申出を受けた事業主は、育児休業の申出の撤回時と同様、介護休業の撤回の申出を受けた旨を労働者に通知しなければなりません（育介則29条）。

‖第3項‖

▶2回連続して介護休業の申出を撤回した者

　介護休業開始予定日の前日までであれば、労働者は介護休業の申出ごとに、介護休業の申出を撤回することができます。ただし、同一の対象家族については、2回連続して介護休業の申出を撤回した場合には、3回目以降の介護休業の申出について、事業主は拒むことができます（育介法14条2項、[**図表16**]）。こちらについては、事業主の雇用管理への影響等を考慮して設けられています。

図表16 同一対象家族の申出の撤回

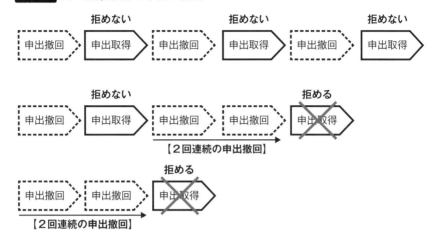

第4項

▶ <u>家族を介護しないこととなった場合</u>

　介護休業開始予定日の前日までに「申出者が対象家族を介護しないこととなった場合」には、介護休業の申出はされなかったものとみなされます。この場合に該当するのは以下のとおりです（育介法14条3項、育介則30条、育介通達）。

①対象家族の死亡
②離婚、婚姻の取消、離縁等による対象家族との親族関係の消滅
③労働者が負傷、疾病または身体上もしくは精神上の障害により、対象家族を介護することができない状態になったこと

上記②の「親族関係の消滅」とは、具体的には以下の場合です。
（イ）対象家族が、当該労働者の配偶者である場合
　　　当該労働者とその対象家族との離婚または婚姻の取消
（ロ）対象家族が、当該労働者の養子または養親である場合
　　　当該労働者とその対象家族との離縁または養子縁組の取消
（ハ）対象家族が、当該労働者の配偶者の親である場合

当該労働者とその配偶者との離婚または婚姻の取消

（ニ）対象家族が、当該労働者の配偶者の養親である場合

当該労働者の配偶者と対象家族との離縁または養子縁組の取消

（ホ）対象家族が、当該労働者の養親の親または養子の子である場合

当該労働者とその養親または養子との離縁または養子縁組の取消

（ヘ）対象家族が、当該労働者の親の養親または子の養子である場合

当該労働者の親または子と対象家族との離縁または養子縁組の取消

（ト）対象家族が、当該労働者の親の養子である場合

当該労働者の親と対象家族との離縁または養子縁組の取消

（チ）対象家族が、当該労働者の養親の子である場合

当該労働者とその養親との離縁または養子縁組の取消

　前記③の「対象家族を介護することができない状態」とは、具体的には、身体障害者福祉法4条の身体障害者であること、またはこれと同程度に日常生活に制限を受ける精神障害があることにより自ら対象家族を介護することが困難な状態のほか、介護休業開始予定日とされた日から起算して93日が経過するまでの間、通院、加療のみならず入院または安静を必要とすることが見込まれる状態をいいます。

▶原則として当該事由が発生した日

　介護休業の申出がされなかったとみなされる事由が生じた場合には、労働者は遅滞なく通知する義務が課されています（育介法14条3項）。「遅滞なく」とは、なるべく事由が生じた日の当日に通知することが求められるとされているため、この規定においても当該事由が発生した日に通知しなければならないとしています（育介通達）。

　これらの事由が発生すれば当然に申出はされなかったとみなされ、通知することにより法律上の効果が発生するわけではないので注意が必要です。

❯ 実務ポイント・事例

介護休業の撤回申出の管理について

　「介護休業の申出の手続き等」の実務ポイント・事例（P.105参照）でも説明したとおり、介護休業は対象家族1人について、通算93日を限度に3回まで取得が可能であり、その取得実績を把握するために管理が必要です。

　介護休業の申出の撤回に関しても、撤回の回数等を管理することが必要になります。特に、撤回に関する書面、記録等をしっかり残すことにより、後日、申出を拒む際にトラブルにならないようにすることが重要です。管理簿等の作成により、対象家族ごとに申出回数、通算期間、撤回の回数など一括して管理しておくとよいでしょう。

❯ 規定バリエーション

撤回の回数制限の緩和

　モデル規程では、2回連続して介護休業の申出を撤回した者について、当該家族の再度の介護休業申出はすることができない旨を定めていますが、介護の緊急性や突発性を考慮し、撤回回数の制限をなくすことなどが考えられます。介護休業の通算期間を1年にするなど、育介法を上回る期間を定める場合には、撤回回数制限の緩和がより有効になると考えられます。

> **バリエーション例**
>
> **第14条**
> 第14条第3項の削除

モデル規程⑮

介護休業の期間等

第15条

1. 介護休業の期間は、対象家族1人につき、原則として、通算93日の範囲内で、介護休業申出書（社内様式6）に記載された期間とする。

2. 本条第1項にかかわらず、会社は、育児・介護休業法の定めるところにより介護休業開始予定日の指定を行うことができる。

3. 従業員は、介護休業期間変更申出書（社内様式5）により、介護休業を終了しようとする日（以下、「介護休業終了予定日」という。）の2週間前までに人事部労務課に申し出ることにより、介護休業終了予定日の繰り下げ変更を行うことができる。この場合において、介護休業開始予定日から変更後の介護休業終了予定日までの期間は通算93日の範囲を超えないことを原則とする。

4. 介護休業期間変更申出書が提出されたときは、会社は速やかに当該介護休業期間変更申出書を提出した者に対し、介護休業取扱通知書（社内様式2）を交付する。

5. 次の各号に掲げるいずれかの事由が生じた場合には、介護休業は終了するものとし、当該介護休業の終了日は当該各号に掲げる日とする。

    （1）家族の死亡等介護休業に係る家族を介護しないこととなった場合

    　　当該事由が発生した日（なお、この場合において本人が出勤する日は、事由発生の日から2週間以内であって、会社と本人が話し合いの上決定した日とする。）

    （2）申出者について、産前産後休業、育児休業または新たな介護休業が始まった場合

    　　産前産後休業、育児休業または新たな介護休業の開始日の前日

6. 本条第5項第1号の事由が生じた場合には、申出者は原則として当該事由が生じた日に人事部労務課にその旨を通知しなければならない。

▶ 概要

　介護休業をすることができる期間は、対象家族1人につき通算93日の範囲で、労働者が申し出た期間になりますが、前述の申出期限を過ぎ

て申出がされた場合には、事業主は一定の範囲で介護休業の開始日を指定することができます。また、介護休業に関しては、1回の申出につき1回に限り、介護休業終了予定日の繰り下げ変更が認められています。さらに、一定の事由に該当することにより、介護休業は終了することになります（育介法12条3項・4項、13条、15条1項・2項）。

▶ 条文解説

第1項

▶ 通算93日の範囲内で、介護休業申出書（社内様式6）に記載された期間

　　介護休業をすることができるのは、原則として対象家族1人につき、3回まで、通算して93日を限度として労働者が申し出た期間です。

　　平成29年1月1日の育介法の改正までは、それまでの「一の要介護状態ごと」に1回の介護休業を通算して93日まで取得することができるとされていたため、同一の疾病等による介護休業については通算できない扱いでした。

　　しかし、同一の要介護状態による介護休業の複数回取得へのニーズ、短期間での復職など、同一の要介護状態であっても、短い期間に複数回取得することへの必要性が高いことを踏まえ、同一の対象家族に対し、通算して93日の範囲内で3回まで取得することができるように改められました。

　　この93日間という日数は、平成7年の介護休業制度導入の際に、同一の対象家族について最低基準として保障されていた最長の介護休業期間（「介護休業開始予定日とされた日の翌日から起算して3カ月を経過する日」）、すなわち「初日＋31日×2カ月＋30日×1カ月の場合は93日」を勘案して93日とされたものです。

　　法律上は通算93日とされていますが、労働者の介護へのニーズ等を考慮して、自社に合った期間設定をすることが可能です。なお、他

第2章　モデル規程の逐条解説　113

の事業主の下で取得した介護休業は、雇保法の介護休業給付の支給を除き、介護休業取得の回数および日数に算入されないので注意が必要です（育介法15条1項・2項。P.105参照）。

┃第2項┃

▶ 介護休業開始予定日の指定

　労働者は、希望どおりの日から介護休業を取得するためには、介護休業を開始しようとする日の2週間前までに申し出る必要があります。休業を開始しようとする日が、申出の日の翌日から起算して2週間を経過する日（申出の属する週の翌々週の応当日。以下、「2週間経過日」という）より前の日であるときは、事業主は、労働者が休業を開始しようとする日以後、2週間経過日までの間のいずれかの日を休業開始日として指定することができます。

　事業主が介護休業を開始する日を指定する場合は、原則として、申出があった日の翌日から起算して3日を経過する日までに指定する日を記載した書面を労働者に交付しなければなりません。

　なお、申出があった日と労働者が休業を開始しようとする日との間が短いことにより間に合わないときは、労働者が休業を開始しようとする日までに指定しなければなりません。この介護休業開始予定日の指定については、介護休業の緊急性と事業主の負担に配慮して「2週間経過日」とされています。また、育児休業のように一定の事由がある場合に指定に係る期間を短縮する規定は設けられていません（育介法12条3項、育介則26条、[**図表17**]。P.82参照）。

　なお、有期契約労働者が労働契約の更新に伴い、更新後の期間について、引き続き介護休業をしようとする場合には、上記の規定は適用されません。

図表17 介護休業開始予定日の指定

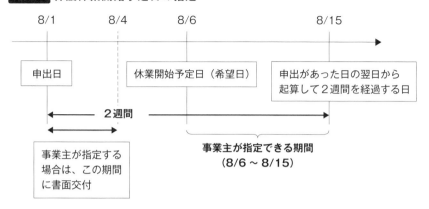

第3項

▶ **介護休業期間変更申出書（社内様式5）により**

　介護休業終了予定日の繰り下げ変更の申出は、下記の事項を記載した書面を提出することによって行います（育介則28条）。
　①変更の申出の年月日
　②変更の申出をする労働者の氏名
　③変更後休業を終了しようとする日
　モデル規程では、社内様式を提出させる方法を採用していますが、育児休業と同様に他の通知方法を採用することも可能です（P.86～87参照）。

▶ **介護休業終了予定日の繰り下げ変更**

　介護休業の申出をした労働者は、介護休業終了予定日の2週間前の日までに申し出ることにより、事由を問わず1回に限り、介護休業終了予定日の繰り下げをすることができます。この申出は、介護休業ごとに1回認められるものです。
　例えば、1回目の介護休業において終了予定日の変更の申出をしていた場合、2回目の介護休業においても、1回に限り終了予定日の変

図表18 介護休業終了予定日の繰り下げ

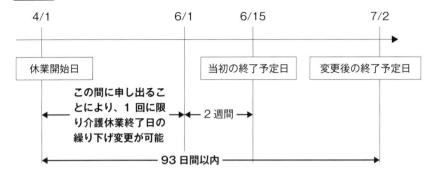

更の申出が可能です。介護休業終了予定日の2週間前の日よりも後に変更の申出がされた場合については、事業主は応ずる義務がないことになっています（育介法13条、育介則27条、[**図表18**]）。

育介法で定められている介護休業期間の変更の申出は、あくまでも介護休業終了予定日の繰り下げ変更のみなので注意が必要です。なお、事業主が法律を上回る変更規定を設けることは可能です。

区　分	法律が認めている介護休業期間変更の申出
開始予定日の繰り上げ	定めなし
開始予定日の繰り下げ	定めなし
終了予定日の繰り上げ	定めなし
終了予定日の繰り下げ	○ 事由を問わず

► **期間は通算93日の範囲を超えないこと**

　介護休業は通算93日が限度となるため、介護休業の繰り下げ変更についても、介護休業開始予定日とされた日から起算して、93日から介護休業取得日数を減じた日数を経過する日を限度として認められます。

▌第4項▐

▶介護休業取扱通知書（社内様式2）を交付

　事業主は、介護休業終了予定日の変更の申出がされた場合には、以下の事項を労働者に速やかに通知しなければなりません（育介則28条）。

　①介護休業期間変更の申出を受けた旨

　②介護休業開始予定日および終了予定日

▌第5項▐

▶介護休業は終了

　介護休業の期間は、労働者の意思にかかわらず次の場合に終了します。

　①労働者が介護休業の申出に係る対象家族を介護しないこととなった場合

　②介護休業をしている労働者について、産前産後休業、育児休業または新たな介護休業が始まった場合

　①の「対象家族を介護しないこととなった場合」の事由については、対象家族の死亡等になります（P.109参照）。なお、「対象家族が要介護状態から脱した場合」「対象家族が特別養護老人ホーム、介護老人保健施設等へ入院・入所した場合」「他の者が労働者に代わって対象家族を介護することとなった場合」等については、対象家族を介護しないこととなった場合に該当せず、介護休業の当然の終了事由にはならないので留意する必要があります（育介法15条3項、育介通達）。

▶本人が出勤する日は、事由発生の日から2週間以内であって、会社と本人が話し合いの上決定した日とする

　対象家族の死亡等の事由により、突然介護休業を終了しなければならなくなった場合には、当然にその事由発生日で介護休業は終了しま

第2章　モデル規程の逐条解説　117

すが、実際は労働者本人の復職に対する準備や受け入れ体制の準備等が必要になります。復職日について法律上の規定はありませんが、ある程度の日程の余裕をもって設定することが現実的です。モデル規程では、2週間以内で話し合いの上決定した日としています。

▎第6項▎
人事部労務課にその旨を通知

　家族の死亡等対象家族を介護しないこととなった場合には、労働者はその旨を事業主に遅滞なく通知しなければなりません（育介法15条4項）。

❯ 実務ポイント・事例 ─────────

介護休業日数（育介法）と介護休業給付日数（雇保法）の日数のずれについて

　介護休業日数と介護休業給付日数にはずれが生じます。これは、育介法が暦日数で計算するのに対し、介護休業給付については、支給単位期間（介護休業開始日から1カ月ごとに区切った期間）が連続する場合、終了日の属する支給単位期間以外は30日で日数計算を行うためです。

　介護休業については、その取得日数や回数について管理する必要がありますが、介護休業給付日数についても、併せて管理しておくと、労働者に対してより丁寧な説明を行うことができます。

　以下には、介護休業日数と介護休業給付日数のずれについて例示します。なお、育介法では、連続で93暦日数の取得が可能ですが、介護休業給付については、1回で取得可能な期間は最大で3カ月になるため注意が必要です。

①介護休業日数（育介法）＝介護休業給付日数（雇保法）

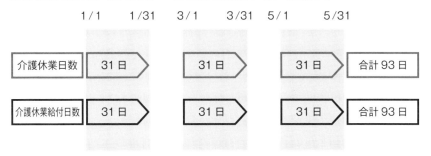

　①の例では、介護休業日数と介護休業給付日数は一致します。

②介護休業日数（育介法）＞介護休業給付日数（雇保法）

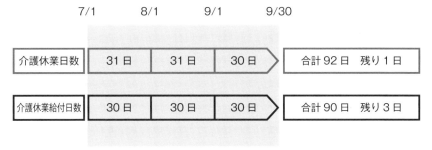

　②の例では、7月・8月が暦日数では31日なのに対し、介護休業給付日数は、終了日の属する支給単位期間以外のため30日で計算を行います。この場合は、介護休業給付の残日数が3日になりますが、介護休業の残日数はあと1日なので、介護休業給付も1日分のみ受給が可能です。

③介護休業日数（育介法）＜介護休業給付日数（雇保法）

	1/1	2/1	3/1	3/31	
介護休業日数	31 日	28 日	31 日		合計90 日　残り3 日
介護休業給付日数	30 日	30 日	31 日		合計91 日　残り2 日

　③の例では、2月が暦日数では28日なのに対し、介護休業給付日数は、終了日の属する支給単位期間以外のため30日で計算を行います。この場合は、介護休業の残日数が3日、介護休業給付の残日数が2日となるため、1日については給付の出ない休業期間になります。

❯ 規定バリエーション

介護休業期間の拡大

　法律上の介護休業については、対象家族1人につき93日の範囲内で取得することが可能ですが、認知症等、介護期間が長期化することに対応し、介護休業期間を拡大することが考えられます。ただし、雇用保険の介護休業給付については、対象にならないので注意する必要があります。

> **バリエーション例**
>
> **第15条**
> 1. 介護休業の期間は、対象家族1人につき、原則として、通算1年の範囲内で、介護休業申出書（社内様式6）に記載された期間とする。

介護休業期間変更の申出の柔軟化について

　介護は突発的に発生することが多く、育児休業と違い、計画的に取得

することが難しくなっています。そのため、法律上認められる介護休業終了予定日の繰り下げのほか、事業主が認めた場合には、その他の変更についても認めることが考えられます。以下の場合は4項を追加しています。

バリエーション例

第15条

4. 会社が必要と認めた場合には、本条第3項による介護休業終了予定日の繰り下げ変更以外に、介護休業期間の変更を認めることがある。その場合は、業務の都合等を考慮して、申出者の申し出た日について、会社指定の日に変更して認めることがある。

4 休業以外の措置（休暇）

モデル規程⑯

子の看護休暇

第16条

1. 小学校就学の始期に達するまでの子を養育する従業員（日雇従業員を除く）は、負傷し、または疾病にかかった当該子の世話をするために、または当該子に予防接種や健康診断を受けさせるために、就業規則第○条に規定する年次有給休暇とは別に、当該子が1人の場合は1年間につき5日、2人以上の場合は1年間につき10日を限度として、子の看護休暇を取得することができる。この場合の1年間とは、4月1日から翌年3月31日までの期間とする。ただし、労使協定によって除外された次の従業員からの子の看護休暇の申出は拒むことができる。

   イ 入社6カ月未満の従業員

   ロ 1週間の所定労働日数が2日以下の従業員

2. 子の看護休暇は半日単位で取得することができる。従業員のうち、勤務時間が9時〜17時45分の従業員の半日単位となる時間数は、労使協定により始業時刻から3時間または終業時刻までの4時間45分とする。休暇1日当たりの時間数は、7時間45分とする。ただし、1日の所定労働時間が4時間以下である従業員は1日単位での取得とする。上記以外の従業員については、半日単位となる時間数は1日の所定労働時間の2分の1とし、始業時刻から連続し、または終業時刻まで連続するものとする。

3. 取得しようとする者は、原則として、子の看護休暇申出書（社内様式7）を事前に人事部労務課に申し出るものとする。

4. 休暇中の給与は無給とする。賞与、定期昇給および退職金の算定に当たっては、取得期間は通常の勤務をしたものとみなす。

▶ 概要

　小学校就学前の子を養育する労働者は、事業主に申し出ることにより、子の看護休暇を1年間につき、その子が1人の場合は5日、2人以上の場合は10日取得することができます。

子の看護休暇の対象労働者については、法律上対象外となる日雇労働者のほか、労使協定を締結した場合、一定の労働者についても対象外とすることができます。

　また、子の看護休暇の取得単位については、1日または半日単位（1日の所定労働時間の2分の1）になりますが、労使協定により異なる時間数を半日とすることも可能です。対象者の範囲および半日の単位等について、必要な場合は労使協定を結び、決められた内容をしっかり規程に落とし込む必要があります（育介法16条の2、16条の3）。

❯ 条文解説

▌第1項▌

▶ 小学校就学の始期に達するまで

　子の看護休暇の対象になる「小学校就学の始期に達するまで」とは、その子が6歳に達する日の属する年度の3月31日までをいいます。例えば、平成24年10月1日が生年月日の子が6歳に達するのは、平成30年9月30日午後12時になりますが、この場合の「小学校就学の始期に達するまで」とは、平成31年3月31日までになります（育介通達）。

▶ 負傷し、または疾病にかかった当該子の世話をするために、または当該子に予防接種や健康診断を受けさせるために

　子の看護休暇とは、負傷し、または疾病にかかった子の世話または疾病の予防を図るために必要な世話を行う労働者に対し与えられる休暇であり、労基法39条の規定による年次有給休暇とは別に与える必要があります。

　子どもが病気やけがの際に休暇を取得しやすくし、子育てをしながら働き続けることができるようにするための権利として子の看護休暇が位置づけられています。

　「疾病の予防を図るために必要な世話」とは、子に予防接種または

健康診断を受けさせることをいい、予防接種には、予防接種法に定める定期の予防接種以外のもの（インフルエンザ予防接種など）も含まれます（育介則32条）。

▶ 1人の場合は1年間につき5日、2人以上の場合は1年間につき10日を限度

　子の看護休暇の日数は、1の年度において、1労働日を単位として、申出時点において、労働者1人につきその養育する小学校就学の始期に達するまでの子が1人であれば5日間、2人以上であれば10日間とされています。

　対象となる子が2人以上いる場合には、子1人につき5日間までしか取得できないのではなく、同一の子について10日間取得することも可能です。労働日は、原則として暦日計算によりますが、交替制により1勤務および常夜勤勤務者の1勤務等勤務時間が2日にわたる場合については、休暇取得当日の労務提供開始時刻から継続24時間を1労働日として取り扱います。

　なお、年度の途中で、その養育する小学校就学の始期に達するまでの子が別居、死亡等した場合であっても、既に取得した子の看護休暇は有効であり、遡及して不就業と取り扱うことや、翌年度分に付与される子の看護休暇の日数から差し引くことはできません（育介法16条の2第1項、育介通達）。

▶ 4月1日から翌年3月31日までの期間

　年度の開始日は、労基法39条に基づく年次有給休暇の付与の基準日等を勘案して、事業主が任意に定めることもできますが、別段の定めをしない場合には、育介法16条の2第4項の規定により、4月1日から翌年の3月31日までとなります。

　年度の途中で雇用された者を含めて斉一的に取り扱う場合には、1年に満たない期間についても5労働日または10労働日の休暇を付与する必要があります（育介通達）。

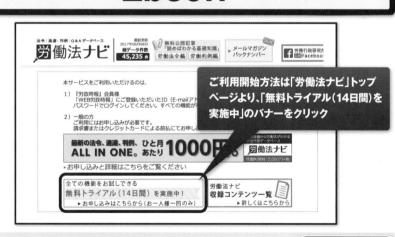

▶労使協定によって除外された次の従業員

　子の看護休暇は、労使協定を締結した場合には、一定の労働者についてその対象から除外することができます。労使協定により除外することができる労働者は以下になります（育介法16条の3第2項）。

　①入社6カ月未満の労働者

　②1週間の所定労働日数が2日以下の労働者

　なお、就業規則に除外する旨を定めていたとしても、実際に労使協定を締結していない場合には除外することができません。

┃第2項┃

▶半日単位で取得

　子の看護休暇は、1日単位または半日（1日の所定労働時間の2分の1）単位で取得することができます。1日単位での取得の場合、日によって所定労働時間数が異なる場合には、1年間における1日平均所定労働時間数となり、1年間における総所定労働時間数が決まっていない場合には所定労働時間数が決まっている期間における1日平均所定労働時間数になります。

　半日単位での取得の場合、1日の所定労働時間数に1時間に満たない端数がある場合は、1時間に切り上げた上で、2分の1とします。例えば、1日の所定労働時間が7時間30分の事業所では、8時間に切り上げた上で、その2分の1の時間である4時間とします。また、半日単位での取得については、始業の時刻から連続し、または終業の時刻まで連続した時間となっています［**図表19**］。

　ただし、1日の所定労働時間が4時間以下の労働者および労使協定締結により半日単位での取得が困難と認められる業務に従事する労働者は、半日単位で取得することができません。半日単位での取得が困難と認められる業務については、育介指針により次の①～③が示されています。

第2章　モデル規程の逐条解説　　125

図表19 半日単位の休暇取得（所定労働時間7時間30分の例）

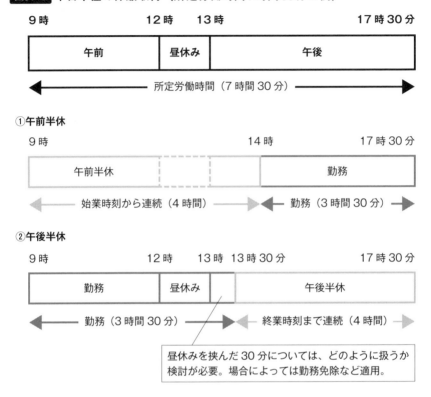

①国際路線等に就航する航空機において従事する客室乗務員等の業務等であって、所定労働時間の途中までまたは途中から子の看護休暇または介護休暇を取得させることが困難な業務
②長時間の移動を要する遠隔地で行う業務であって、半日単位の子の看護休暇または介護休暇を取得した後の勤務時間または取得する前の勤務時間では処理することが困難な業務
③流れ作業方式や交替制勤務による業務であって、半日単位で子の看護休暇または介護休暇を取得する者を勤務体制に組み込むことによって業務を遂行することが困難な業務

なお、育介指針については、あくまでも例示であるため、これら以外は困難と認められる業務に該当しないというものではありません。また、例示の業務であっても、既に半日単位での取得を認めている場合には、困難と認められる業務には該当しません。労使協定により、半日単位での取得が困難とされた労働者であっても、当然に1日単位での取得は可能になります（育介法16条の2第2項・3項、育介則33条、34条1項、育介通達、育介指針第2の2 (3)）。

▶ 労使協定により始業時刻から3時間または終業時刻までの4時間45分とする

　あらかじめ労使協定で次の事項を定めた場合には、1日の所定労働時間の2分の1以外の時間数を半日として子の看護休暇を取得することが可能です。

① 当該労使協定による単位で子の看護休暇を取得することができる労働者の範囲

② 子の看護休暇の取得の単位となる時間数（1日の所定労働時間に満たないものに限ります）

③ 子の看護休暇の1日当たりの時間数（1日の所定労働時間を下回ることはできません）

　例えば、モデル規程のように所定労働時間が7時間45分、始業時刻が午前9時、終業時刻が午後5時45分の事業所において、午前と午後に分けて取得させるためには労使協定が必要になります［**図表20**］。この場合、労使協定で定められた時間数が半日となるため、午前休である3時間の子の看護休暇を2回取得した場合も、午後休である4時間45分の子の看護休暇を2回取得した場合も、合計して1日分の看護休暇を取得したことになります。なお、1時間単位の子の看護休暇を取得させることは、労使協定がなくても可能になっています（育介法16条の2第2項、16条の3第2項、育介則34条）。

第2章　モデル規程の逐条解説　127

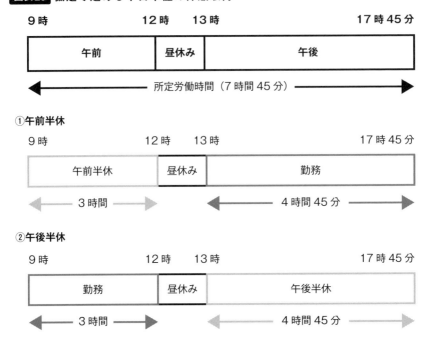

第3項

▶ 子の看護休暇申出書（社内様式7）を事前に人事部労務課に申し出る

　子の看護休暇の申出は、次の事項を事業主に明らかにすることによって行わなければなりません。

　①労働者の氏名
　②申出に係る子の氏名および生年月日
　③看護休暇を取得する年月日（1日未満の単位で取得する場合には、看護休暇の開始および終了の年月日時）
　④申出に係る子が負傷し、もしくは疾病にかかっている事実、または疾病の予防を図るために必要な世話を行う旨

　モデル規程では、書面を提出することになっていますが、育介則35条1項において申出の方法を書面の提出に限定していないことか

ら、労働者は、所定の事項を漏れなく申し出る限り、口頭で行うことも可能です。また、子の看護休暇制度は、子が負傷し、または疾病にかかり、親の世話を必要とする場合に、その親である労働者に休暇の権利を保障する制度であることから、突発的事由による場合等については、休暇取得当日に、電話により看護休暇の申出をした場合であっても、事業主は拒むことができません。その場合は、とりあえず電話等での申出を認め、事後に書面を提出させる等の対応が必要になります（育介則35条1項、育介通達）。

▶ 事実を証明する書類の提出

　モデル規程の中にはありませんが、事業主は、子の看護休暇の申出をした労働者に対しても、申出に係る子が負傷し、もしくは疾病にかかっている事実、または疾病の予防を図るために必要な世話を行うことを証明する書類の提出を求めることができます。利用可能な書類の例としては、以下のものがあります。

　①負傷し、もしくは疾病にかかっている事実

　　医療機関の領収書、保育所を欠席したことが明らかとなる連絡帳等の写し

　②疾病の予防を図るために必要な世話

　　医療機関の領収書、健康診断を受けさせることが明らかとなる市区町村からの通知等の写し

　ただし、子の看護休暇の申出をする労働者に過大な負担にならないよう、配慮する必要があります。また、労働者に証明書類の提出を求め、労働者が提出を拒んだ場合でも、子の看護休暇申出の効力に影響がないため、休暇取得を拒むことはできません（育介則35条2項、育介通達、育介指針第2の2 (2)）。

第2章　モデル規程の逐条解説　129

▌第4項▌

▶ 取得期間は通常の勤務をしたものとみなす

　モデル規程では、賞与、定期昇給、退職金の算定について、取得期間は通常の勤務をしたものとみなすとしています。通常の勤務をしたものとみなすということは、子の看護休暇を取得した場合も通常の勤務をしたものとみなし、不利益に取り扱うことはないという意味です。

　なお、看護休暇を有給にするか無給にするかは自由です。休暇日数を超えての賃金減額や、賞与や昇給面で不利に扱うことは禁止されています（育介法16条の4）。

▶ 実務ポイント・事例

子の看護休暇を無給にする場合

　子の看護休暇を有給にするか、無給にするかは事業主が自由に決めることができますが、無給にした場合には、子の看護休暇を取得した時間に対する控除が発生します。1日または半日（1日の所定労働時間の2分の1）の場合は、比較的簡単に管理ができますが、労使協定により半日単位を2分の1以外に設定した場合には、管理が煩雑になります。

　例えば、午前半休3時間、午後半休4時間45分で協定した場合、午前と午後で控除する時間が異なることになります。また、子の看護休暇は、午前2回でも、午後2回でも合わせて1日の取得になりますが、賃金控除についてはこの場合、午前2回なら6時間、午後2回なら9時間30分になります。取得した時間数を超えて控除することがないよう注意が必要です。

子の看護休暇について斉一的取扱いをする場合

　子の看護休暇は、年度ごとに5労働日または10労働日を付与する必要がありますが、年度の開始日の変更や、途中で雇用された者を斉一的

に取り扱う場合は注意が必要です。例えば、当初年度が「1月1日～12月31日」だったものを「4月1日～翌年3月31日」に変更する場合には、「1月1日～3月31日」までの1年に満たない期間についても5労働日または10労働日付与する必要があります。

　また、年度が「4月1日～翌年3月31日」の会社で10月1日に入社した労働者に対しては、労使協定による除外を定めていなければ、入社時点と半年後の4月1日時点で、それぞれ子の看護休暇を付与する必要があります。

❯ 規定バリエーション

協定除外者を規定しない

　子の看護休暇の対象者について、労使協定による除外を行わないことも可能です。その場合は、モデル規程第16条第1項のただし書き以下を削除します。

子の看護休暇の取得単位を柔軟にする場合

　子の看護休暇は、1時間単位で取得させることも可能です。この場合には労使協定等を結ぶ必要はありません。

> **バリエーション例**
>
> **第16条**
> 2. 子の看護休暇は、時間単位とし、始業時刻から連続し、または終業時刻まで連続するものとする。ただし、1日の所定労働時間が4時間以下である従業員および労使協定の締結により半日以下での単位の取得が困難と認められる従業員については1日単位とする。

第2章　モデル規程の逐条解説　131

モデル規程⑰

介護休暇

第17条

1. 要介護状態にある対象家族の介護その他の世話をする従業員（日雇従業員を除く）は、就業規則第○条に規定する年次有給休暇とは別に、当該家族が1人の場合は1年間につき5日、2人以上の場合は1年間につき10日を限度として、介護休暇を取得することができる。この場合の1年間とは、4月1日から翌年3月31日までの期間とする。ただし、労使協定によって除外された次の従業員からの介護休暇の申出は拒むことができる。

   イ　入社6カ月未満の従業員

   ロ　1週間の所定労働日数が2日以下の従業員

2. 介護休暇は、半日単位で取得することができる。従業員のうち、勤務時間が9時～17時45分の従業員の半日単位となる時間数は、労使協定により始業時刻から3時間または終業時刻までの4時間45分とする。休暇1日当たりの時間数は、7時間45分とする。ただし、1日の所定労働時間が4時間以下である従業員は1日単位とする。上記以外の従業員については、半日単位となる時間数は1日の所定労働時間の2分の1とし、始業時刻から連続し、または終業時刻まで連続するものとする。

3. 取得しようとする者は、原則として、介護休暇申出書（社内様式7）を事前に人事部労務課に申し出るものとする。

4. 休暇中の給与は無給とする。賞与、定期昇給および退職金の算定に当たっては、取得期間は通常の勤務をしたものとみなす。

▶ 概要

　要介護状態にある対象家族の介護や世話をする労働者は、事業主に申し出ることにより、1年間につき、対象家族が1人の場合は5日、2人以上の場合は10日の介護休暇を取得することができます。

　介護休暇の対象労働者については、法律上対象外となる日雇労働者のほか、労使協定を締結した場合、一定の労働者について対象外とすることができます。

また、取得単位については、1日または半日単位（1日の所定労働時間の2分の1）にすることや、労使協定により異なる時間数を半日とすることが可能です。子の看護休暇と同様に、対象者および取得単位等必要な場合は、労使協定を締結し、しっかり規定しておく必要があります（育介法16条の5、16条の6）。

　介護休暇とは、要介護状態にある対象家族の介護や世話を行う労働者に対し与えられる休暇であり、労基法39条の規定による年次有給休暇とは別に与える必要があります。

　要介護状態にある家族の介護や世話のための休暇を取得しやすくし、介護をしながら働き続けることができるようにするための権利として介護休暇が位置づけられています。

▶ 条文解説

┃第1項┃

▶ 要介護状態にある対象家族

　要介護状態にある対象家族とは、介護休業における定義と同様です（P.94参照）。

▶ 介護その他の世話

　要介護状態にある対象家族の「介護その他の世話」とは、厚生労働省令に定められており、介護のほかに、対象家族の通院等の付き添い、対象家族が介護サービスの提供を受けるために必要な手続きの代行その他の対象家族の必要な世話も含まれます（育介則38条）。

▶ 1人の場合は1年間につき5日、2人以上の場合は1年間につき10日を限度

　介護休暇は、1の年度において、1労働日を単位として、申出時点において、労働者1人につき要介護状態にある対象家族が1人であれば5日間、2人以上であれば10日間の介護休暇を取得することができます。対象家族が2人以上いる場合には、当該家族1人につき5日間

第2章　モデル規程の逐条解説　133

までしか取得できないのではなく、同一の者について10日間取得することも可能です（育介法16条の5、育介通達）。

▶ 4月1日から翌年3月31日までの期間

年度の開始日は、労基法39条に基づく年次有給休暇の付与の基準日等を勘案して、事業主が任意に定めることもできますが、別段の定めをしない場合には、4月1日から翌年の3月31日までとなります（育介法16条の5第4項）。

▶ 労使協定によって除外された次の従業員

介護休暇は、労使協定を締結した場合には、一定の労働者について除外することができます。労使協定により除外することができる労働者は以下になります（育介法16条の6第2項）。

①入社6カ月未満の労働者

②1週間の所定労働日数が2日以下の労働者

なお、就業規則に除外する旨を定めていたとしても、実際に労使協定を締結していない場合には除外することができません。

┃第2項┃

▶ 半日単位で取得

介護休暇は、1日単位または半日（1日の所定労働時間の2分の1）単位で取得することができます。ただし、1日の所定労働時間が4時間以下の労働者および労使協定締結により半日単位での取得が困難と認められる業務に従事する労働者は、半日単位で取得することができません（育介法16条の5第2項、16条の6第2項、育介則39条、育介通達、育介指針第2の2（3））。

▶ 労使協定により始業時刻から3時間または終業時刻までの4時間45分とする

あらかじめ労使協定で次の①～③の事項を定めた場合には、1日の所定労働時間の2分の1以外の時間数を半日として、介護休暇を取得

することが可能です。なお、1時間単位の介護休暇を取得させること
は、労使協定がなくても可能になっています（育介法16条の5第2
項、16条の6第2項、育介則40条）。

①当該労使協定に定める単位で介護休暇を取得することができる労
働者の範囲

②介護休暇の取得の単位となる時間数（1日の所定労働時間に満た
ないものに限ります）

③介護休暇1日当たりの時間数（1日の所定労働時間を下回ること
はできません）

第3項

▶ 介護休暇申出書（社内様式7）を事前に人事部労務課に申し出る

介護休暇の申出は、次の事項を事業主に明らかにすることによって
行わなければなりません。

①労働者の氏名

②対象家族の氏名および労働者との続柄

③介護休暇を取得する年月日（1日未満の単位で取得する場合には、
介護休暇の開始および終了の年月日）

④対象家族が要介護状態にある事実

モデル規程では、書面を提出することになっていますが、育介則
41条1項において申出の方法を書面の提出に限定していないことか
ら、労働者は、所定の事項を漏れなく申し出る限り、口頭で行うこと
も可能です。また、介護休暇制度は、要介護状態にある対象家族の介
護その他の世話を必要とするその日に、労働者に休暇の権利を保障す
る制度であることから、突発的事由による場合等については、休暇取
得当日に電話により介護休暇申出をした場合であっても、事業主は拒
むことができません。その場合は、とりあえず電話等での申出を認
め、事後に書面を提出させる等の対応が必要になります（育介則41

条1項、育介通達）。

► **事実を証明する書類の提出**

　モデル規程の文言では触れていませんが、事業主は、介護休暇の申出をした労働者に対しても、対象家族の氏名および労働者との続柄、対象家族が要介護状態にある事実を証明することができる書類の提出を求めることができます。利用可能な書類の例としては、介護休業申出時のものと同様になります（P.103参照）。なお、第1項にて説明した厚生労働省令で定める世話を行うこととする事実については、証明する書類の提出を求めることができる対象に含まれていないことに留意する必要があります。

　子の看護休暇と同様に、介護休暇の申出に関しても、証明書類の準備が労働者に過大な負担にならないよう配慮する必要があります。また、労働者に証明書類の提出を求め、労働者が提出を拒んだ場合でも、介護休暇の申出の効力には影響がないため、休暇取得を拒むことはできません（育介則41条2項、育介通達）。

▌第4項▌

► **取得期間は通常の勤務をしたものとみなす**

　モデル規程では、賞与、定期昇給、退職金の算定について、取得期間は通常の勤務をしたものとみなすとしています。通常の勤務をしたものとみなすということは、介護休暇を取得した場合も通常の勤務をしたものとみなし、不利益に取り扱うことはないという意味です。

　なお、介護休暇を有給にするか無給にするかは自由です。休暇日数を超えての賃金減額や、賞与や昇給面で不利に扱うことは禁止されています（育介法16条の7）。

モデル規程⑱

育児目的休暇

第18条

1. 小学校就学の始期に達するまでの子を養育する従業員（日雇従業員を除く）は、養育のために就業規則第○条に規定する<u>年次有給休暇とは別に</u>、<u>当該子が1人の場合は1年間につき○日、2人以上の場合は1年間につき○日を限度として</u>、育児目的休暇を取得することができる。この場合の1年間とは、4月1日から翌年3月31日までの期間とする。

2. 取得しようとする者は、原則として、育児目的休暇取得申出書（社内様式14）を事前に人事部労務課に申し出るものとする。

▶ 概要

育介法24条は小学校就学の始期に達するまでの子を養育する労働者に関する措置として、「労働者の申出に基づく育児に関する目的のために利用することができる休暇制度」の設置を努力義務としています。

典型的な事例として挙げられる配偶者出産休暇などは、就業規則上特別休暇として規定されていることが多いため、本規程の第25条を鑑みて検討する必要があります。

▶ 条文解説

┃第1項┃

▶ 年次有給休暇とは別に

育児目的休暇は年次有給休暇のほか、子の看護休暇（P.122参照）、介護休暇（P.132参照）等の法定休暇以外に設けられた休暇をいいます。なお、時効により消滅した年次有給休暇を積み立てることができるいわゆる積立年休制度の一環として、育児にも利用できる休暇を設けることはこれに該当します（育介指針）。

第2章　モデル規程の逐条解説　137

▶ **当該子が1人の場合は1年間につき○日、2人以上の場合は1年間につき○日を限度として**

　育児目的休暇は、事業主が任意に取得条件等を設定することができます。「入園式、卒園式等の行事に参加するために利用する休暇」等と用途を限定すること、モデル規程のように「1年間で○日」等、取得日数に上限を設定することも可能です。

❯ 実務ポイント・事例 ──────────

プラチナくるみん認定と助成金申請

　育児目的休暇として認められる制度について一定の取得実績があれば、プラチナくるみん等の認定を取得するための要件となり、また両立支援等助成金（出生時両立支援コース）を受給できるなどの利点があります（平成30年9月時点）。

❯ 規定バリエーション ──────────

小学校卒業までの子の行事参加のために利用する休暇

　前述のとおり、育児目的休暇は対象者、用途を限定することが可能です。法律上は小学校就学までの子を養育する労働者に対する措置のため、少なくともこの範囲の労働者を包含する取得要件とすべきと考えられます。

バリエーション例

第18条

1. 小学校卒業の年度末までの子を養育する従業員（日雇従業員を除く）は、就業規則第○条に規定する年次有給休暇とは別に、4月から3月までの1年度につき○日まで、学校行事への参加等、育児を目的とした休暇を取得することができる。

5 休業以外の措置（各種制限）

モデル規程⑲
育児・介護のための所定外労働の制限

第19条

1. 3歳に満たない子を養育する従業員（日雇従業員を除く）が当該子を養育するため、または要介護状態にある対象家族を介護する従業員（日雇従業員を除く）が当該家族を介護するために申し出た場合には、事業の正常な運営に支障がある場合を除き、所定労働時間を超えて労働させることはない。
2. 本条第1項にかかわらず、労使協定によって除外された次の従業員からの所定外労働の制限の申出は拒むことができる。
   イ　入社1年未満の従業員
   ロ　1週間の所定労働日数が2日以下の従業員
3. 申出をしようとする者は、1回につき、1カ月以上1年以内の期間（以下この条において「制限期間」という。）について、制限を開始しようとする日（以下この条において「制限開始予定日」という。）および制限を終了しようとする日を明らかにして、原則として、制限開始予定日の1カ月前までに、育児・介護のための所定外労働制限申出書（社内様式8）を人事部労務課に提出するものとする。この場合において、制限期間は、次条第3項に規定する制限期間と重複しないようにしなければならない。
4. 会社は、所定外労働制限申出書を受け取るに当たり、必要最小限度の各種証明書の提出を求めることがある。
5. 申出の日後に申出に係る子が出生したときは、所定外労働制限申出書を提出した者（以下この条において「申出者」という。）は、出生後2週間以内に人事部労務課に所定外労働制限対象児出生届（社内様式3）を提出しなければならない。
6. 制限開始予定日の前日までに、申出に係る子または家族の死亡等により申出者が子を養育または家族を介護しないこととなった場合には、申出はされなかったものとみなす。この場合において、申出者は、原則として当該事由が発生した日に、人事部労務課にその旨を通知しなければならない。
7. 次の各号に掲げるいずれかの事由が生じた場合には、制限期間は終了する

ものとし、当該制限期間の終了日は当該各号に掲げる日とする。

(1) 子または家族の死亡等、制限に係る子を養育または家族を介護しないこととなった場合

当該事由が発生した日

(2) 制限に係る子が3歳に達した場合

当該3歳に達した日

(3) 申出者について、産前産後休業、育児休業または介護休業が始まった場合

産前産後休業、育児休業または介護休業の開始日の前日

8. 本条第7項第1号の事由が生じた場合には、申出者は原則として当該事由が生じた日に、人事部労務課にその旨を通知しなければならない。

▶ 概要

3歳に満たない子を養育する労働者が当該子を養育するため、または要介護状態にある対象家族を介護する労働者が当該家族を介護するために請求した場合には、事業の正常な運営に支障がある場合を除き、所定労働時間を超えて労働させることはできません。育児・介護のための所定外労働の制限については、法律上対象外となる日雇労働者のほか、労使協定を締結した場合、一定の労働者についても対象外とすることができます。また、時間管理を行わない労基法41条該当者についても対象外とされるため注意が必要です（育介法16条の8、16条の9）。

▶ 条文解説

第1項

▶ 3歳に満たない子

3歳に満たない子とは、3歳の誕生日の前日までの子になります。

▶ 要介護状態にある対象家族

要介護状態にある対象家族とは、介護休業における定義と同様です（P.94参照）。

▶ 事業の正常な運営に支障がある場合

法が定める「事業の正常な運営を妨げる場合」に該当するか否か
は、当該労働者の所属する事業所を基準として、当該労働者の担当す
る作業の内容、作業の繁閑、代行者の配置の難易等諸般の事情を考慮
して客観的に判断すべきものとなっています。事業主は、労働者が所
定外労働の制限を請求した場合においては、当該労働者が請求どおり
に所定外労働の制限を受けることができるように、通常考えられる相
当の努力をすべきとされており、単に所定外労働が事業の運営に必要
であるとの理由だけで拒むことは許されません。

例えば、事業主が代行者を配置する等により事業を運営することが
客観的に可能な状況にあると認められるにもかかわらず、そのための
配慮をしなかった場合は、「事業の正常な運営を妨げる場合」には該
当しません。

一方、事業主が代行者を配置する等の配慮をしてもなお、事業を運
営することが客観的に可能な状況になかった場合や、所定外労働をさ
せざるを得ない繁忙期において、同一時期に多数の専門性の高い職種
の労働者が請求した場合で、通常考えられる相当の努力をしてもなお
事業運営に必要な業務体制を維持することが著しく困難な場合には、
「事業の正常な運営を妨げる場合」に該当します（育介法16条の8第
1項、16条の9第1項、育介通達）。

▶ 所定労働時間

所定労働時間とは、就業規則等において労働者が労働契約上労働す
べき時間として定められた会社の就業時間のことで、労基法の規定に
よる法定労働時間とは異なります。

▌第2項▐

▶ 労使協定によって除外された次の従業員

育児・介護のための所定外労働の制限は、労使協定を締結した場合

第2章　モデル規程の逐条解説　141

には、次の労働者について除外することができます（育介法16条の8第1項、16条の9第1項）。

①入社1年未満の労働者

②1週間の所定労働日数が2日以下の労働者

なお、就業規則に除外する旨を定めていたとしても、実際に労使協定を締結していない場合には除外することができません。

▌第3項▐

▶ 1回につき、1カ月以上1年以内の期間

育児・介護のための所定外労働の制限の請求は、1回につき、1カ月以上1年以内の期間について、開始の日および終了の日を明らかにして、制限開始予定日の1カ月前までにしなければなりません。

また、この請求は、3歳に満たない子を養育している場合または要介護状態にある対象家族を介護している場合には、何回でもすることができます（育介法16条の8第2項、16条の9第1項）。

▶ 制限開始予定日の1カ月前

育児・介護のための所定外労働の制限は、制限開始予定日の1カ月前までに請求しなければなりませんが、制限開始予定日の1カ月前とは、制限開始予定日の属する月の前月の応当日をいい、その月に応当日がない場合は月の末日をいいます（民法143条2項）。

例えば、制限開始予定日が3月1日である場合には、2月1日が応当日になり、制限開始予定日が3月31日である場合には、2月28日が応当日になります。

なお、制限開始予定日の1カ月前の日よりも後に行われる請求は、法律上事業主が応ずる義務はありませんが、当該請求を認める制度を設けることは可能です（育介法16条の8第2項、16条の9第1項、育介通達）。

▶所定外労働制限申出書（社内様式8）を人事部労務課に提出

　育児・介護のための所定外労働の制限の請求は、次の事項を事業主に通知することによって行わなければなりません。

[3歳に満たない子を養育する場合]

　①請求の年月日

　②請求をする労働者の氏名

　③請求に係る子の氏名、生年月日および労働者との続柄等（請求に係る子が当該請求の際に出生していない場合にあっては、当該請求に係る子を出産する予定である者の氏名、出産予定日および労働者との続柄。特別養子縁組の請求等の場合はその事実）

　④請求に係る制限期間の初日および末日とする日

　⑤請求に係る子が養子である場合にあっては、当該養子縁組が効力を生じた日

[要介護状態にある対象家族を介護する場合]

　①請求の年月日

　②請求をする労働者の氏名

　③請求に係る対象家族の氏名および労働者との続柄

　④請求に係る対象家族が要介護状態にある事実

　⑤請求に係る制限期間の初日および末日とする日

　モデル規程では、社内様式8を提出させる方法を採用していますが、育児休業と同様に他の通知方法を採用することも可能です（育介則45条、49条。P.68参照）。

▶次条第3項に規定する制限期間と重複しないようにしなければならない

　所定外労働の制限の請求に係る制限期間は、次に説明する「時間外労働の制限」の請求に係る制限期間と一部または全部が重複しないようにしなければなりません。これは、いずれかの制限期間が実際に始まっている必要はなく、「労働者は重複する請求をすること自体ができない」ということで、重複する請求がされた場合、事業主はこれに

第2章　モデル規程の逐条解説　143

応じる必要はありません。

なお、所定外労働の制限の請求に係る制限期間を、「所定労働時間の短縮措置」が適用されている期間と重複して請求することは可能です（育介法16条の8第2項、16条の9第1項）。

▌第4項▐
▶必要最小限度の各種証明書

事業主は、労働者に対して、請求に係る子の出生等を証明する書類または、対象家族が要介護状態にあること等を証明する書類の提出を求めることができます。

ただし、請求する労働者に過大な負担をかけることがないように配慮する必要があり、提出がない場合であっても請求を認める必要があります（育介則45条4項、49条4項）。

▌第5項▐
▶人事部労務課に所定外労働制限対象児出生届（社内様式3）を提出

請求に係る子が、当該請求がされた後に出生したときは、当該請求をした労働者は、速やかに当該子の氏名、生年月日および当該労働者との続柄を事業主に通知しなければなりません。

モデル規程では、社内様式3を提出させる方法を採用していますが、育児休業と同様に他の通知方法を採用することも可能です（育介則45条5項。P.68参照）。

▌第6項▐
▶子を養育または家族を介護しないこととなった場合

育児・介護のための所定外労働の制限は、制限開始予定日の前日までに、次の事由により、子の養育または対象家族の介護をしないこととなった場合には、請求はされなかったものとみなされます（育介法

16条の8第3項、16条の9、育介則46条、50条）。

［子を養育しないこととなった場合］

　①子の死亡

　②子が養子の場合の離縁や養子縁組の取り消し

　③子が他人の養子となったこと等による同居の解消

　④特別養子縁組の不成立等の場合

　⑤労働者の負傷、疾病等により、制限を終了しようとする日までの
　　間、子を養育できない状態となった場合

［対象家族を介護しないこととなった場合］

　①対象家族の死亡

　②離婚、婚姻の取り消し、離縁等による対象家族との親族関係の消滅

　③労働者の負傷、疾病等により、制限を終了しようとする日までの
　　間、対象家族を介護できない状態となった場合

▌第7項▐

▶ 制限期間は終了

　育児・介護のための所定外労働の制限は、次の事由が生じた場合には、労働者の意思にかかわらず終了します（育介法16条の8第4項、16条の9第1項）。

［育児のための所定外労働の制限］

　①子を養育しないこととなった場合（具体的事由は上記参照）

　②子が3歳に達した場合

　③所定外労働の制限を受けている労働者について、産前産後休業、
　　育児休業または介護休業が始まった場合

　①については、当該事由が発生した日に、②については、3歳に達した日に、③については、各休業の開始日の前日に終了となります。

［介護のための所定外労働の制限］

　①対象家族を介護しないこととなった場合（具体的事由は上記参照）

②所定外労働の制限を受けている労働者について、産前産後休業、
　育児休業または介護休業が始まった場合
　①については、当該事由が発生した日に、②については、各休業の
開始日の前日に終了となります。

▶ 実務ポイント・事例

労基法41条該当者

　以下の労基法41条該当者については、労働時間、休憩、休日に関する規定が適用除外されているため、所定外労働の制限や、後に解説する時間外労働の制限の対象外となっています。

　①労基法別表第1第6号（林業を除く）または第7号に掲げる事業に
　　従事する者（＝農業・水産業の事業）
　②監督もしくは管理の地位にある者または機密の事務を取り扱う者
　③監視または断続的労働に従事する者

　このうち、第2号に定める管理監督者については、同法の解釈として、労働条件の決定その他労務管理について経営者と一体的な立場にある者の意であり、名称にとらわれず、実態に即して判断すべきとされています。したがって、職場で「管理職」として取り扱われている者であっても、同号の管理監督者に当たらない場合には、所定外労働の制限や時間外労働の制限の対象者となります。

　なお、労基法41条該当者であっても、深夜業に関する規定は適用除外になっていないため、後に解説する深夜業の制限は対象者になります。

各制限期間との重複とその管理について

　所定外労働の制限期間と時間外労働の制限期間を重複して取得することはできませんが、所定外労働の制限期間と所定労働時間の短縮措置や深夜業の制限期間が重複することは可能です。

制度により、回数制限や取得期間、重複の可否などの条件が異なるため、育児や介護休業と同様に労働者ごとに利用している制度について管理しておく必要があります。

❯ 規定バリエーション

協定除外者を規定しない

育児・介護のための所定外労働の制限の対象者について、労使協定による除外を行わないことも可能です。その場合は、モデル規程第19条第2項を削除します。

モデル規程⑳

育児・介護のための時間外労働の制限

第20条

1. 小学校就学の始期に達するまでの子を養育する従業員が当該子を養育するため、または要介護状態にある対象家族を介護する従業員が当該家族を介護するために申し出た場合には、就業規則第○条の規定および時間外労働に関する協定にかかわらず、事業の正常な運営に支障がある場合を除き、1カ月について24時間、1年について150時間を超えて時間外労働をさせることはない。

2. 本条第1項にかかわらず、次のいずれかに該当する従業員からの時間外労働の制限の申出は拒むことができる。

   イ　日雇従業員

   ロ　入社1年未満の従業員

   ハ　1週間の所定労働日数が2日以下の従業員

3. 申出をしようとする者は、1回につき、1カ月以上1年以内の期間（以下この条において「制限期間」という。）について、制限を開始しようとする日（以下この条において「制限開始予定日」という。）および制限を終了しようとする日を明らかにして、原則として、制限開始予定日の1カ月前までに、育児・介護のための時間外労働制限申出書（社内様式9）を人事部労務課に提出するものとする。この場合において、制限期間は、前条第3項に規

第2章　モデル規程の逐条解説　147

定する制限期間と重複しないようにしなければならない。

4. 会社は、時間外労働制限申出書を受け取るに当たり、必要最小限度の各種証明書の提出を求めることがある。

5. 申出の日後に申出に係る子が出生したときは、時間外労働制限申出書を提出した者（以下この条において「申出者」という。）は、出生後2週間以内に人事部労務課に時間外労働制限対象児出生届（社内様式3）を提出しなければならない。

6. 制限開始予定日の前日までに、申出に係る子または家族の死亡等により申出者が子を養育または家族を介護しないこととなった場合には、申出されなかったものとみなす。この場合において、申出者は、原則として当該事由が発生した日に、人事部労務課にその旨を通知しなければならない。

7. 次の各号に掲げるいずれかの事由が生じた場合には、制限期間は終了するものとし、当該制限期間の終了日は当該各号に掲げる日とする。

（1）子または家族の死亡等制限に係る子を養育または家族を介護しないこととなった場合

　　当該事由が発生した日

（2）制限に係る子が小学校就学の始期に達した場合

　　子が6歳に達する日の属する年度の3月31日

（3）申出者について、産前産後休業、育児休業または介護休業が始まった場合

　　産前産後休業、育児休業または介護休業の開始日の前日

8. 本条第7項第1号の事由が生じた場合には、申出者は原則として当該事由が生じた日に、人事部労務課にその旨を通知しなければならない。

● 概要

　小学校就学の始期に達するまでの子を養育する労働者が当該子を養育するため、または要介護状態にある対象家族を介護する労働者が当該家族を介護するために請求した場合においては、事業の正常な運営に支障がある場合を除き、1カ月について24時間、1年について150時間を超えて時間外労働をさせることはできません。

　育児・介護のための時間外労働の制限については、法律上、一定の労

働者について対象外とすることができます。また、所定外労働の制限と同様に、時間管理を行わない労基法41条該当者についても対象外とされるため注意が必要です（育介法17条、18条）。

▶ 条文解説

┃第1項┃

▶ 小学校就学の始期に達するまでの子

小学校就学の始期に達するまでの子とは、その子が6歳に達する日の属する年度の3月31日までにある子をいいます（P.123参照）。

▶ 要介護状態にある対象家族

要介護状態にある対象家族とは、介護休業における定義と同様です（P.94参照）。

▶ 時間外労働に関する協定

労基法36条1項の規定による時間外労働協定を締結し、所轄の労働基準監督署長へ届け出ることにより、以下の法定労働時間等を超えて労働させることができます。

①労基法32条の規定による1週間につき40時間、1日につき8時間の法定労働時間（特例あり）

②労基法32条の2の規定による1カ月単位の変形労働時間制における労働時間

③労基法32条の3の規定によるフレックスタイム制における労働時間

④労基法32条の4の規定による1年単位の変形労働時間制における労働時間

⑤労基法32条の5の規定による1週間単位の非定型的変形労働時間制における労働時間

▶ 1カ月について24時間、1年について150時間を超えて

時間外労働の制限の請求があった場合、時間外労働協定で定めた時間があっても、1カ月について24時間、1年間について150時間まで

第2章　モデル規程の逐条解説　149

しか時間外労働を行わせることができません。なお、1年未満の期間で請求した場合、当該期間全体について、150時間までしか時間外労働を行わせることができなくなるのと同時に、1カ月ごとに区分した期間と最後の1カ月未満の期間についても、それぞれ24時間までしか時間外労働を行わせることができません（育介法17条1項、18条1項、育介通達）。

┃第2項┃

▶次のいずれかに該当する従業員

　育児・介護のための時間外労働の制限は、法律上、以下の者を対象外とすることができます。入社1年未満の労働者や1週間の所定労働日数が2日以下の労働者については、所定外労働の制限と異なり、法律上除外されています（育介法17条1項、18条1項）。

　　①日雇労働者

　　②入社1年未満の労働者

　　③1週間の所定労働日数が2日以下の労働者

┃第3項┃

▶時間外労働制限申出書（社内様式9）を人事部労務課に提出

　育児・介護のための時間外労働の制限の請求は、一定の事項を事業主に通知することによって行わなければなりません。具体的な通知項目については、所定外労働の制限請求時と同様になります。

　モデル規程では、社内様式9を提出させる方法を採用していますが、育児休業と同様に他の通知方法を採用することも可能です（育介則53条、57条。P.68参照）。

▶前条第3項に規定する制限期間と重複しないようにしなければならない

　時間外労働の制限の請求に係る制限期間は、所定外労働の制限の請求に係る制限期間と一部または全部が重複しないようにしなければな

りません（育介法17条2項、18条2項。P.143参照）。

第5項

▶人事部労務課に時間外労働制限対象児出生届（社内様式3）を提出

　請求に係る子が、当該請求がされた後に出生したときは、当該請求
をした労働者は、速やかに当該子の氏名、生年月日および当該労働者
との続柄を事業主に通知しなければなりません。

　モデル規程では、社内様式3を提出させる方法を採用していますが、
育児休業と同様に他の通知方法を採用することも可能です（育介則
53条5項。P.68参照）。

第6項

▶子を養育または家族を介護しないこととなった場合

　育児・介護のための時間外労働の制限は、制限開始予定日の前日ま
でに、子の養育または対象家族の介護をしないこととなった場合に
は、請求はされなかったものとみなされます。

　子や対象家族の死亡等、具体的な事由は、所定外労働の制限と同様
です（育介法17条3項、18条1項、育介則54条、58条。P.145参照）。

第7項

▶制限期間は終了

　育児・介護のための時間外労働の制限は、次の事由が生じた場合に
は、労働者の意思にかかわらず終了します（育介法17条4項、18条
1項）。

［育児のための時間外労働の制限］

　　①子を養育しないこととなった場合（具体的事由はP.90参照）

　　②子が小学校就学の始期に達した場合

　　③時間外労働の制限を受けている労働者について、産前産後休業、

第2章　モデル規程の逐条解説　151

育児休業または介護休業が始まった場合

①については、当該事由が発生した日に、②については、子が6歳に達する日の属する年度の3月31日に、③については、各休業の開始日の前日に終了となります。

［介護のための時間外労働の制限］
①対象家族を介護しないこととなった場合（具体的事由はP.109参照）
②時間外労働の制限を受けている労働者について、産前産後休業、育児休業または介護休業が始まった場合

①については、当該事由が発生した日に、②については、各休業の開始日の前日に終了となります。

◉実務ポイント・事例

制限期間請求の具体例

制限期間の請求は、1回につき、1カ月以上1年以内の期間について、その開始の日および終了の日を明らかにして、制限開始予定日の1カ月前までにしなければなりませんが、何回でも請求することができます。例えば、制限期間を継続して取得する場合は［**図表21**］のようになります。

図表21 制限期間の連続請求

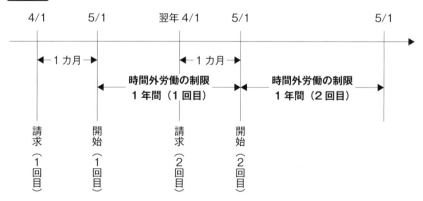

請求期間における制限時間の対応について

　時間外労働の制限の請求期間においては、1カ月24時間と1年150時間の両方の制限がかかりますが、請求期間が6カ月以下の場合には、1年150時間の時間制限は意味がありませんので、実質的には1カ月24時間の制限のみがかかります。

　[**図表22**]の例で見ると、①の場合は累計が120時間のため、実質的には1カ月24時間の制限のみかかります。一方、②の場合は累計が168時間になるので、1カ月24時間と1年150時間の両方の制限がかかり、10月は6時間しか残業させることができません。

時間外労働の制限と時間外労働協定の管理について

　育介法に基づく時間外労働の制限は、1カ月以上1年以内の期間について、個々の労働者がその開始の日および終了の日を明らかにして請求する制度であり、この制限開始日は、その労働者が働く事業所における時間外労働協定で定める一定の期間の起算日とは、通常一致しないものと考えられます。

　この場合、事業主は、それぞれの法律に基づきそれぞれの時間ごとに労働時間を管理しなければなりませんが、労働時間の管理が複雑にならないようにするため、育介法に基づく時間外労働の制限開始日を、時間

図表22 時間外労働の制限と請求期間の長さとの関係

①時間外労働の制限の請求期間を5カ月にした場合

月	4月	5月	6月	7月	8月
時間外	24時間	24時間	24時間	24時間	24時間
累計	24時間	48時間	72時間	96時間	120時間

②時間外労働の制限の請求期間を7カ月にした場合

月	4月	5月	6月	7月	8月	9月	10月
時間外	24時間	24時間	24時間	24時間	24時間	24時間	6時間
累計	24時間	48時間	72時間	96時間	120時間	144時間	150時間

外労働協定で定める一定期間（例えば「1カ月」）の起算日と合致するように労働者に請求してもらうことが考えられます。

なお、労働者の意思に反してそのような請求を強制することは許されません。労働者の同意を得て、法に基づく時間外労働の制限開始日と時間外労働協定に定める一定期間の起算日を合致させる場合においては、次のような方法が考えられます。

①制限開始日を時間外労働協定の起算日に合わせるために、当初の制限開始希望日より遅らせて労働者に請求してもらう方法

　［**図表23**］のように、労働者との合意に基づいて当初の制限開始希望日から遅らせてもらう場合には、合意が得られやすいように、当初の制限開始希望日から変更後の制限開始日の前日までの間の時間外労働の上限時間について、育介法に基づく時間外労働の制限の制度を下回らないように、その期間の日数で案分した時間（24時間×請求を遅らせた期間の日数/その月の総日数）の上限時間とすることなどが考えられます。

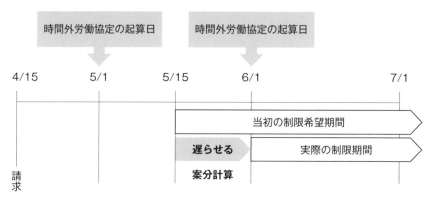

図表23 時間外労働の制限開始日と時間外労働協定の起算日を合わせるために、制限開始日を遅らせる場合の取扱い例

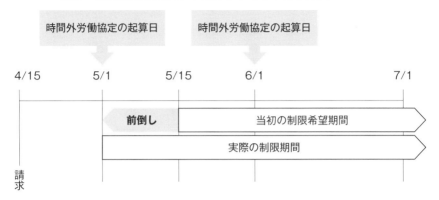

図表24 時間外労働の制限開始日と時間外労働協定の起算日を合わせるために、当初の制限開始希望日より前倒しして取り扱う方法

②制限開始日を時間外労働協定の起算日に合わせるために、当初の制限開始希望日より前倒しして取り扱う方法

　労働者の請求は、制限開始日の1カ月前までにすることになっていますが、これにかかわらず、制限開始日を一定期間の起算日に合致させるため、当初の制限開始希望日より前倒しして取り扱う方法も考えられます［**図表24**］。

　このように取り扱う場合でも、時間外労働の制限は、時間外労働をさせ得る状態にあることが前提となるので、前倒しした制限開始日が、労働者本人の育児・介護休業期間中になることは問題です。このため、こうした取扱いを検討する際には、期間の重複が生じないよう留意する必要があります。

モデル規程㉑

育児・介護のための深夜業の制限

第21条

1. 小学校就学の始期に達するまでの子を養育する従業員が当該子を養育するため、または要介護状態にある対象家族を介護する従業員が当該家族を介護するために申し出た場合には、就業規則第○条の規定にかかわらず、事業の正常な運営に支障がある場合を除き、午後10時から午前5時までの間（以下「深夜」という。）に労働させることはない。

2. 本条第1項にかかわらず、次のいずれかに該当する従業員からの深夜業の制限の申出は拒むことができる。

   イ　日雇従業員

   ロ　入社1年未満の従業員

   ハ　申出に係る子または家族の16歳以上の同居の家族が次のいずれにも該当する従業員

   （ア）深夜において就業していない者（1カ月について深夜における就業が3日以下の者を含む）であること。

   （イ）心身の状況が申出に係る子の保育または家族の介護をすることができる者であること。

   （ウ）6週間（多胎妊娠の場合にあっては、14週間）以内に出産予定でなく、かつ産後8週間以内でない者であること。

   ニ　1週間の所定労働日数が2日以下の従業員

   ホ　所定労働時間の全部が深夜にある従業員

3. 申出をしようとする者は、1回につき、1カ月以上6カ月以内の期間（以下この条において「制限期間」という。）について、制限を開始しようとする日（以下この条において「制限開始予定日」という。）および制限を終了しようとする日を明らかにして、原則として、制限開始予定日の1カ月前までに、育児・介護のための深夜業制限申出書（社内様式10）を人事部労務課に提出するものとする。

4. 会社は、深夜業制限申出書を受け取るに当たり、必要最小限度の各種証明書の提出を求めることがある。

5. 申出の日より後に申出に係る子が出生したときは、深夜業制限申出書を提出した者（以下この条において「申出者」という。）は、出生後2週間以内に人事部労務課に深夜業制限対象児出生届（社内様式3）を提出しなければならない。

6. 制限開始予定日の前日までに、申出に係る子または家族の死亡等により申出者が子を養育または家族を介護しないこととなった場合には、申出されなかったものとみなす。この場合において、申出者は、原則として当該事由が発生した日に、人事部労務課にその旨を通知しなければならない。

7. 次の各号に掲げるいずれかの事由が生じた場合には、制限期間は終了するものとし、当該制限期間の終了日は当該各号に掲げる日とする。
   （1）子または家族の死亡等、制限に係る子を養育または家族を介護しないこととなった場合
   　　当該事由が発生した日
   （2）制限に係る子が小学校就学の始期に達した場合
   　　子が6歳に達する日の属する年度の3月31日
   （3）申出者について、産前産後休業、育児休業または介護休業が始まった場合
   　　産前産後休業、育児休業または介護休業の開始日の前日

8. 本条第7項第1号の事由が生じた場合には、申出者は原則として当該事由が生じた日に、人事部労務課にその旨を通知しなければならない。

9. 制限期間中の給与については、別途定める給与規定に基づく労務提供のなかった時間分に相当する額を控除した基本給と、諸手当の全額を支給する。

10. 深夜業の制限を受ける従業員に対して、会社は必要に応じて昼間勤務へ転換させることがある。

▶ 概要

　小学校就学の始期に達するまでの子を養育する労働者が当該子を養育するため、または要介護状態にある対象家族を介護する労働者が当該家族を介護するために請求した場合においては、事業の正常な運営に支障がある場合を除き、午後10時から午前5時までの間、深夜業をさせることはできません。

育児・介護のための深夜業の制限については、法律上、一定の労働者について対象外とすることができます。ただし、所定外労働の制限および時間外労働の制限においては適用が除外されている労基法41条該当者であっても、深夜業の制限については除外されていないため注意が必要です（育介法19条、20条）。

● 条文解説

┃第1項┃

▶ 小学校就学の始期に達するまでの子

　小学校就学の始期に達するまでの子とは、その子が6歳に達する日の属する年度の3月31日までにある子をいいます（P.123参照）。

▶ 要介護状態にある対象家族

　要介護状態にある対象家族とは、介護休業における定義と同様です（P.94参照）。

▶ 午後10時から午前5時までの間（以下「深夜」という。）に労働

　深夜業とは、所定内労働時間および所定外労働時間を問わず、午後10時から午前5時までの深夜に労働させることです。

┃第2項┃

▶ 次のいずれかに該当する従業員

　育児・介護のための深夜業の制限は、法律上、以下の者を対象外とすることができます。他の制限期間と異なり、一定の同居の家族がいる場合も対象外とすることができます（育介法19条1項、20条1項、育介則60条、61条、65条、66条、育介通達）。

　①日雇労働者
　②入社1年未満の労働者
　③請求に係る子または家族の16歳以上の同居の家族が次の（イ）～
　　（ハ）のいずれにも該当する労働者

（イ）深夜において就業していない労働者（1カ月について深夜における就業が3日以下の者を含む）であること

（ロ）心身の状況が申出に係る子の保育または家族の介護をすることができる者であること

（ハ）6週間（多胎妊娠の場合にあっては、14週間）以内に出産予定でなく、かつ産後8週間以内でない者であること

④1週間の所定労働日数が2日以下の労働者

⑤所定労働時間の全部が深夜にある労働者

▶ 16歳以上の同居の家族

16歳以上としているのは、保育することができるとみなすには、保育する者が一定の年齢に達していることが必要であると考えられることから、義務教育修了年齢を参考として16歳以上とされています。

また、同居の家族については、1カ月未満の期間のみ同居が見込まれる場合については含まれません。

▶ 深夜において就業

深夜においての就業については、原則として、所定労働時間内をいいますが、所定労働時間を超える就業が深夜に及ぶことが明らかな場合や、宿泊を伴う出張についても含まれます。

▶ 保育

保育とは、保護し育てるとの意味で、親が行う養育とは異なり、親以外の者による対応も含まれます。

▶ 所定労働時間の全部が深夜

所定労働時間の全部が深夜にある労働者とは、所定労働時間のすべてが午後10時から午前5時までの間にあるとの意味になります。

そのため、例えば交替制勤務の場合や、所定労働時間の一部に午後10時から午前5時までの間以外の時間帯が含まれている場合は該当しません。

▎第3項▎

► 1回につき、1カ月以上6カ月以内の期間

　　育児・介護のための深夜業の制限の請求は、1回につき、1カ月以上6カ月以内の期間について、開始の日および終了の日を明らかにして、制限開始予定日の1カ月前までにしなければなりません。

　　また、この請求は、小学校就学前の子を養育している場合、または要介護状態にある対象家族を介護している場合には、何回でもすることができます（育介法19条2項、20条1項）。

► 深夜業制限申出書（社内様式10）を人事部労務課に提出

　　育児・介護のための深夜業の制限の請求は、次の事項を事業主に通知することによって行わなければなりません（育介則62条1項、67条1項）。

［小学校就学の始期に達するまでの子を養育する場合］

①請求の年月日

②請求をする労働者の氏名

③請求に係る子の氏名、生年月日および労働者との続柄等（子が出生していない場合は、出産予定者の氏名、出産予定日および労働者との続柄。特別養子縁組の請求等の場合にあってはその事実）

④請求に係る制限期間の初日および末日とする日

⑤請求に係る子が養子である場合にあっては、当該養子縁組が効力を生じた日

⑥深夜においてその子を常態として保育することができる同居の家族がいない事実

［要介護状態にある対象家族を介護する場合］

①請求の年月日

②請求をする労働者の氏名

③請求に係る対象家族の氏名および労働者との続柄

④請求に係る対象家族が要介護状態にある事実

⑤請求に係る制限期間の初日および末日とする日

⑥深夜においてその対象家族を常態として介護することができる同居の家族がいない事実

　モデル規程では、社内様式10を提出させる方法を採用していますが、育児休業と同様に他の通知方法を採用することも可能です（P.68参照）。

┃第4項┃

▶ 必要最小限度の各種証明書

　事業主は、労働者に対して請求に係る子の出生等を証明する書類、または対象家族が要介護状態にあること等を証明する書類の提出を求めることができます。ただし、請求する労働者に過大な負担をかけることがないように配慮する必要があり、提出がない場合であっても請求を認める必要があります。

　なお、常態として保育または介護をすることができる同居の家族がいないことの証明書類の例としては以下がありますが、通常は申出時にその旨を記載すれば足り、当然に提出すべきものとはされていません（育介則62条4項、67条4項、育介通達）。

①同居の家族がいない事実

　　　住民票記載事項の証明書、出張命令書の写し

②家族が深夜において就業している事実

　　　労働契約または就業規則の写し

③保育することが困難な状態の事実

　　　身体障害者福祉法15条の身体障害者手帳、1カ月を超えて入院または安静を必要とする旨の医師の診断書

④家族が6週間（多胎妊娠の場合にあっては、14週間）以内に出産予定であるか、または産後8週間を経過していない事実

　　　医師が交付する当該事実についての診断書、官公署発行の出生

届受理証明書

▌第5項▌

►人事部労務課に深夜業制限対象児出生届（社内様式3）を提出

　請求に係る子が、当該請求がされた後に出生したときは、当該請求をした労働者は、速やかに当該子の氏名、生年月日および当該労働者との続柄を事業主に通知しなければなりません。

　モデル規程では、社内様式3を提出させる方法を採用していますが、育児休業と同様に他の通知方法を採用することも可能です（育介則62条5項。P.68参照）。

▌第6項▌

►子を養育または家族を介護しないこととなった場合

　育児・介護のための深夜業の制限は、制限開始予定日の前日までに、子の養育または対象家族の介護をしないこととなった場合には、請求はされなかったものとみなされます。

　子や対象家族の死亡等、具体的事由は、所定外労働の制限と同様です（育介法19条3項、20条1項、育介則63条、68条。P.145参照）。

▌第7項▌

►制限期間は終了

　育児・介護のための深夜業の制限は、一定の事由が生じた場合には、労働者の意思にかかわらず終了します。終了の具体的事由は、時間外労働の制限と同様です（P.151参照）。

　なお、請求に係る子および対象家族と同居する家族が生じた場合は、制限期間が当然に終了する事由には当たらないので注意が必要です（育介法19条4項、20条1項、育介通達）。

▌第9・10項▌

▶ 制限期間中の給与

▶ 昼間勤務へ転換

　育児・介護のための深夜業の制限期間中の給与や、昼間勤務への転換について定めた条文になります。育介指針では、あらかじめ労働者の深夜業の制限期間中における待遇（昼間勤務への転換の有無を含む）に関する事項を定めるとともに、これを労働者に周知させるための措置を講ずるように配慮することになっており、モデル規程はこの指針に対応した条文になっています（育介指針第2の5の（2））。

❯ 実務ポイント・事例

労基法の妊産婦の深夜業の制限と育児・介護のための深夜業の制限

　労基法66条3項に規定する妊産婦の深夜業の制限は、母性保護の見地から設けられたものであり、育介法19条に規定する深夜業の制限とは、その趣旨、目的が違うものとなっています。仮に両方の要件に該当する労働者が発生した場合には、任意に選択して請求することができます。

6 休業以外の措置（短時間勤務等）

モデル規程㉒

育児時間

第22条

1. 1歳に満たない子を養育する女性従業員から請求があったときは、休憩時間のほか1日について2回、1回について30分の育児時間を与える。
2. 育児時間の取得期間は無給とする。

▶ 概要

　育児時間は、労基法の6章の2「妊産婦等」に規定される妊娠中または産後1年を経過しない女性（母性）に関する保護制度で、生後1年未満の子を養育している場合、授乳その他の世話のために、一時的に労働から離れることを認める制度です。なお、育児時間は元来、子どもを伴って職場等に出勤した女性労働者が、休憩時間とは別に子の養育に充てる時間を確保するためのものです。しかし現代の日本では、保育施設や託児施設を利用する場合が多いため、直接養育時間として利用するのではなく、始業または終業時刻の直前または直後に取得し、育児短時間勤務等に上乗せする形で労働時間の短縮措置として利用されるケースが多くなっています。

　なお、有給、無給の別については法律上の規定がありませんので、就業規則等により任意に定めることができます。

▶ 条文解説

┃第1項┃

▶ 1歳に満たない子を養育する女性従業員から

　育児時間に関する労基法67条では、子は「生児」と規定されていますので、養子等を育てる女性労働者にも適用されるかどうかが問題

となります。

　育児時間の目的には、授乳のほかに、その他の世話をすることも想定されていることや、前述のように、近年は育児時間が労働時間の短縮措置の一環のように用いられていることを鑑みると、生後満1年に達しない子を育てる女性であれば、子が実子でなくても育児時間を請求することが可能と考えるべきかと思います。

　なお、育児時間は、法律上は男性が請求することはできないこととなっています。

▶ 1日について2回、1回について30分

　基本的には分割して2回の取得を認める制度となっているため、会社が任意にまとめて2回分の時間を請求できる制度とした場合であっても、分割の取得を認める必要があります（単に労働時間中に1時間の労働を免除すればいいというわけではありません）。ただし、法制度上の育児時間は8時間労働を想定しているため、1日の労働時間が4時間以内であれば、1日1回の育児時間を付与すれば差し支えないこととされています（昭36.1.9　基収8996）。

　また、育児時間をいつ与えるかは定められていないため、使用者は当該女性が請求した時間に与えればよいこととされています。したがって、休憩時間の考え方とは異なり、所定労働時間の始め、または終わりに請求すること（事実上所定労働時間を短くすることと同義の請求）も可能です（昭33.6.25　基収4317）。

❯ 実務ポイント・事例

復職後の所定労働時間の短縮措置と併用

　育児休業からの復職後は、モデル規程第19条に規定する所定労働時間の短縮措置（P.139参照）の適用を受ける場合が多いですが、子が満1歳に達するまでの間に復職すると、育児時間と併用することができます。これにより、事実上、所定労働時間を6時間から5時間とすること

ができますが、労基法上、育児時間は都度労働者の請求する時間を与えることとされているため、あくまで所定労働時間は6時間であり、本人の請求に基づき、うち1時間（30分×2回）の労働義務を免除するという形式になります。

▶ 規定バリエーション

所定労働時間4時間以内の場合の育児時間取得回数

前述のように育児時間取得回数は1日の労働時間が4時間以内の場合は、1回でも差し支えないものとされているため、パートタイマーが多く在籍するような会社の場合は、明記しておくことが必要です。

バリエーション例

第22条
1. 1歳に満たない子を養育する女性従業員から請求があったときは、休憩時間のほか1日について2回（1日の所定労働時間が4時間以内の女性従業員から請求があった場合は1日について1回）、1回について30分の育児時間を与える。

モデル規程㉓

育児短時間勤務

第23条
1. 3歳に満たない子を養育する従業員は、申し出ることにより、就業規則第○条の所定労働時間について、以下のように変更することができる。
   所定労働時間を午前9時から午後4時まで（うち休憩時間は、午前12時から午後1時までの1時間とする）の6時間とする。1歳に満たない子を育てる女性従業員はさらに別途30分ずつ2回の育児時間を請求することができる。
2. 本条第1項にかかわらず、次のいずれかに該当する従業員からの育児短時間勤務の申出は拒むことができる。

イ　日雇従業員

　ロ　1日の所定労働時間が6時間以下である従業員

　ハ　労使協定によって除外された次の従業員

　（ア）入社1年未満の従業員

　（イ）1週間の所定労働日数が2日以下の従業員

3.　申出をしようとする者は、1回につき、1カ月以上1年以内の期間について、短縮を開始しようとする日および短縮を終了しようとする日を明らかにして、原則として、短縮開始予定日の1カ月前までに、育児短時間勤務申出書（社内様式11）により人事部労務課に申し出なければならない。申出書が提出されたときは、会社は速やかに申出者に対し、育児短時間勤務取扱通知書（社内様式13）を交付する。その他適用のための手続き等については、第9条から第11条までの規定（第9条第2項および第10条第3項を除く）を準用する。

4.　本制度の適用を受ける間の給与については、別途定める給与規定に基づく労務提供のなかった時間分に相当する額を控除した基本給と、諸手当の全額を支給する。

5.　賞与の算定対象期間に本制度の適用を受ける期間がある場合においては、短縮した時間に対応する賞与は支給しない。

6.　定期昇給および退職金の算定に当たっては、本制度の適用を受ける期間は通常の勤務をしているものとみなす。

▶ 概要

　3歳に満たない子を養育する男女労働者であって、育児休業をしていない者が希望した場合には、会社の規模や業種等にかかわらず、1日の労働時間を通常より短くし、働きながら子育てすることを容易にする、育児のための「所定労働時間の短縮措置（育児短時間勤務）」を講じるよう事業主に義務づけています。3歳未満の子を養育する労働者にとってニーズの高い措置のため、容易に取得できるよう分かりやすく定めることが必要です（育介法23条1項）。

　なお、「所定労働時間の短縮措置を講ずることが困難と認められる業

第2章　モデル規程の逐条解説　167

務」に従事する労働者を労使協定の締結により適用除外とすることができますが、その場合は以下のいずれかの代替措置を講じなければなりません。

①育児休業に関する制度に準ずる措置

②始業終業時刻変更等の措置

（イ）フレックスタイム制

（ロ）始業終業時刻の繰り上げ・繰り下げ制度

（ハ）保育施設の設置運営その他これに準ずる便宜の提供

上記の措置は、小学校就学の始期に達するまでの子を養育する労働者に対し努力義務とされている「始業終業時刻変更等の措置」（P.176参照）と同様の内容となっています（育介法23条2項）。

▶ 条文解説

┃第1項┃

▶ 3歳に満たない子

3歳に満たない子とは、3歳の誕生日の前日までの子になります。

▶ 6時間とする

法律は、1日の所定労働時間を8時間と想定し、育児短時間勤務を6時間とすることを原則としています。

しかし、1日の所定労働時間が8時間以外の場合もあるため、短縮後の所定労働時間は5時間45分から6時間までを許容するとしています（育介通達）。

そのほかに、1日の所定労働時間を7時間とする措置や、隔日勤務で所定労働日数を短縮する措置などを設け、労働者の選択肢を増やすことは望ましいものとされています。

▌第2項▐

▶ 6時間以下

▶ 労使協定によって除外

　育児短時間勤務については、法律により除外される労働者（下記①②）と、労使協定の締結により除外される労働者がいます（育介法23条1項）。

　①日雇労働者

　②1日の所定労働時間が6時間以下の労働者

　③労使協定を締結することにより除外される労働者

　　（イ）入社後1年未満の労働者

　　（ロ）1週間の所定労働日数が2日以下の労働者

　　（ハ）業務の性質または業務の実施体制に照らして、所定労働時間の短縮措置を講ずることが困難と認められる業務に従事する労働者（P.171参照）

　1日の所定労働時間が6時間以下の労働者は、労働時間を短縮する必要がないことから対象から除かれています。

　労使協定が締結されていない場合については、上記③の労働者から申出があれば、その労働者は育児短時間勤務の対象になります。また、③に定めるもの以外については労使協定に定めたとしても適用除外とすることはできません。いずれも申出時点で明らかになっている事情に基づき判断します。

▌第3項▐

▶ 1回につき、1カ月以上1年以内の期間

　育児短時間勤務の適用期間について法律の定めはないので、必ずしも適用期間を定めることは必要ありませんが、モデル規程は事務手続きの便宜上、1回に申出できる期間を「1カ月以上1年以内の期間」としており、適用期間を設けることにしています。

第2章　モデル規程の逐条解説　169

一方、適用期間を1カ月単位とすることは、他の制度が基本的に労働者の申し出た期間について適用されることを踏まえれば、適当でないとされており、1カ月未満の申出にも対応する必要があります（平成22年改正育介法Q＆A）。

▶ **原則として、短縮開始予定日の1カ月前までに**

育児短時間勤務の申出時期について法律の定めはありませんが、モデル規程は育児休業と同様に申出の時期を「開始予定日の1カ月前まで」としています。

なお、申出の回数については、子が3歳に達するまでの措置として義務化されていることから、「原則として1回に限る」といった制限を設けることはできません（育介通達）。

┃第4項┃

▶ **労務提供のなかった時間分に相当する額を控除した基本給と、諸手当の全額を支給する**

育児短時間勤務により短縮された労働時間分の賃金の有給無給の扱いについては、法律に定められていないため、規程により有給無給の扱いについて定めることになります。

なお、無給扱いとした場合、短縮された時間分を超えて無給にすることは、育児休業等を理由とする不利益取扱いとして禁止されています。例えば、所定労働時間が8時間の労働者が、6時間勤務となる場合、賃金を4分の3に減額して支給することは問題ありませんが、4分の3未満とすることはできません。

┃第5・6項┃

▶ **短縮した時間に対応する賞与は支給しない**
▶ **通常の勤務をしているものとみなす**

育児短時間勤務により短縮された時間に対応する賞与を支給しない

ことについては問題ありません。一方、定期昇給および退職金の算定について、モデル規程は、特に短縮された時間についての控除を行わないということで「通常の勤務をしているものとみなす」と規定しています。

退職金や賞与等の算定に当たり、現に勤務した日数を考慮する場合に、育児短時間勤務の適用により短縮された時間の総和に相当する日数分を日割りで退職金や賞与等の算定対象期間から控除することなど、育児短時間勤務により労務を提供しなかった期間は働かなかったものとして取り扱うことは、不利益取扱いにはならないものとされています。

一方、育児短時間勤務により短縮された時間の総和に相当する日数を超えて働かなかったものとして取り扱うことは、不利益な算定を行うことに当たります（育介指針）。

❯ 実務ポイント・事例

「所定労働時間の短縮措置を講ずることが困難と認められる業務」

育介法23条1項が定める、労使協定の締結により除外できる、「業務の性質または業務の実施体制に照らして、所定労働時間の短縮措置を講ずることが困難と認められる業務」は、[**図表25**] に示したような業務です（育介指針）。

所定労働時間の短縮措置を講ずることが困難と認められるこれらの業務に従事する労働者がいる場合は、労使協定に基づき適用除外とすることができます。ただし、いずれもあくまで例示であるため、これらの業務以外は困難と認められる業務に該当しないというものではありません。また、例示されている業務であっても、既に会社で所定労働時間の短縮措置が採られている場合は「所定労働時間の短縮措置を講ずることが困難と認められる業務」には該当しないことになります。

第2章 モデル規程の逐条解説 171

図表25 労使協定により所定労働時間の短縮措置の適用を除外できる業務の例

困難と認められる業務	業務の具体例
業務の性質に照らして、制度の対象とすることが困難と認められる業務	国際路線等に就航する航空機において従事する客室乗務員等の業務
業務の実施体制に照らして、制度の対象とすることが困難と認められる業務	労働者数が少ない事業所において、当該業務に従事し得る労働者数が著しく少ない業務
業務の性質および実施体制に照らして、制度の対象とすることが困難と認められる業務	①流れ作業方式による製造業務であって、短時間勤務の者を勤務体制に組み込むことが困難な業務 ②交替制勤務による製造業務であって、短時間勤務の者を勤務体制に組み込むことが困難な業務 ③個人ごとに担当する企業、地域等が厳密に分担されていて、他の労働者では代替が困難な営業業務

育児短時間勤務中の年次有給休暇の賃金

　年次有給休暇を取得した日の賃金について、就業規則で「通常の賃金」を支払うと定めている場合は、育児短時間勤務により短縮された後の所定労働時間に対する賃金が「通常の賃金」になります。

　短縮後の所定労働時間を6時間と定めている場合の年次有給休暇を取得した日については、6時間分の賃金を支払うことになります。

時間外労働

　育児短時間勤務は、1日の労働時間を6時間にすることを目的とするものであって、時間外労働をさせないことを目的とするものではありません。したがって、育児短時間勤務の労働者であっても、業務上の必要があれば時間外労働を命じることは可能です。

割増賃金

　育児短時間勤務により1日の所定労働時間が6時間となった場合、6時間を超え8時間まで労働した時間は法定内の時間外労働、8時間を超

図表26 育児短時間勤務中の時間外労働

えたところからが法定外の時間外労働になります。例えば、時間単価1000円の労働者が8時30分から15時30分まで（休憩時間1時間）の6時間勤務の場合、15時30分から17時30分まで2時間残業しても8時間を超えていないので、1時間につき1000円の支払いで問題ありませんが、17時30分を超えると、2割5分以上の率で計算した割増賃金の支払いが必要になり、1時間につき1250円の支払いが必要です［**図表26**］。

管理監督者

労基法41条に定める管理監督者については、労働時間等に関する規定が適用除外されていることから、所定労働時間の短縮措置（育児短時間勤務の措置）を講じる必要はないとされています。

なお、会社における肩書きが管理職であっても、労基法上の管理監督者に当たらない場合には所定労働時間の短縮措置を講じなければなりません（平成22年改正育介法Q＆A）。

裁量労働制と育児短時間勤務

裁量労働制が適用される労働者も、育児短時間勤務の対象となります。この場合、以下の二つの方法が考えられます。

①裁量労働制の対象から外し、通常の労働者の労働時間管理を行うこととした上で、育児短時間勤務の対象とする。

②裁量労働制の対象としつつ、育児短時間勤務の対象とする。

このうち、②とする場合には、必要に応じて業務内容・量の削減など
を行い、実際に短時間勤務ができることを確保することが必要です。ま
た、裁量労働制においては、時間配分の決定に関して具体的な指示をす
ることはできないこと、みなし労働時間を変更する場合には労使協定ま
たは労使委員会の決議を変更する必要があることにも留意が必要です
（平成22年改正育介法Ｑ＆Ａ）。

1カ月単位・1年単位の変形労働時間制と育児短時間勤務

　1カ月単位・1年単位の変形労働時間制が適用される労働者も、育児
短時間勤務の対象となります。この場合、1カ月単位・1年単位の変形
労働時間制に関する労使協定について、育児短時間勤務の時間数に合わ
せた内容で締結する必要があります。具体的には、すべての労働日にお
いて1日6時間を超えないよう労働時間を定める、または1日6時間を
超えて労働時間が定められた労働日は6時間を超える部分の労働義務を
免ずることになります。

　また、1カ月単位・1年単位の変形労働時間制の対象から外し、通常
の労働者の労働時間管理を行うこととした上で、育児短時間勤務の対象
とすることも考えられます。この場合、対象労働者を変更することや、
対象期間の途中で1年単位の変形労働時間制の対象外とする場合は労基
法32条の4の2の規定による割増賃金の清算が必要となります（平成
22年改正育介法Ｑ＆Ａ）。

配置転換等

　「所定労働時間の短縮措置を講ずることが困難と認められる業務」に
従事する労働者から、育児短時間勤務の申出があった場合、一時的に短
時間勤務が可能である他の業務に異動させることは、一般的に、異動に
ついて本人の同意を得ている場合には、不利益取扱いとならないものと
考えられます（平成22年改正育介法Ｑ＆Ａ）。

174

さらに短い所定労働時間を労働者が希望してきたとき

　法は所定労働時間を短縮する措置を受けるか否かを労働者が決めることができると定めているのであって、個々に希望する労働時間数に応じることまでは事業主に義務づけていません。したがって、会社の定めた所定労働時間よりさらに短い時間を労働者が希望してきても応じる必要はなく、会社が定めた所定労働時間の中から選択してもらうことになります。

▶ 規定バリエーション

所定労働時間8時間を2時間短縮して6時間とする場合の例（給与、賞与、昇給）

バリエーション例

第23条

「給与」の別例①

4．本制度の適用を受ける間の給与については、時間給換算した額を基礎とした実労働時間分の基本給と諸手当を支給する。

「給与」の別例②（所定労働時間8時間を2時間短縮して6時間とする場合）

4．本制度の適用を受ける間の給与については、給与規定に基づく基木給から25％を減額した額と諸手当の全額を支給する。

「賞与」の別例

5．賞与は、本制度の適用を理由に減額することはしない。

「昇給」の別例①

6．定期昇給の算定に当たっては、本制度の適用を受ける期間は通常の勤務をしているものとみなす。

「昇給」の別例②

6．定期昇給は、育児短時間勤務の期間中であっても行うものとする。

「昇給」の別例③（育児短時間勤務期間中の定期昇給を停止する場合）

6．定期昇給は、育児短時間勤務の期間中は行わないものとし、復職後の昇給において育児短時間勤務前の勤務実績を加味し調整する。

第2章　モデル規程の逐条解説　175

「所定労働時間の短縮措置を講ずることが困難と認められる業務」に従事する労働者についての代替措置

「所定労働時間の短縮措置を講ずることが困難と認められる業務」に従事する労働者については、代替措置として次の①②のいずれかの措置を講じることが必要です（育介法23条2項）。

なお、①～⑤の措置は小学校就学の始期に達するまでの子を養育する労働者に対しては、仕事と子育ての両立支援の措置として法律に準じた努力義務とされています（育介法24条1項）。

①育児休業に関する制度に準ずる措置

②次の始業終業時刻変更等の措置に準ずる措置

　（イ）フレックスタイム制

　（ロ）始業終業時刻の繰り上げ・繰り下げ制度

　（ハ）保育施設の設置運営その他これに準ずる便宜の供与

③所定労働時間の短縮措置に準ずる措置

④所定外労働の制限に関する制度に準ずる措置

⑤育児目的休暇の付与措置

このうち、②（ロ）および（ハ）の措置を講じる場合の規定例は次のようになります。

> **バリエーション例**
>
> ［例1］育児のための始業終業時刻の繰り上げ・繰り下げの制度
> **第23条の2**
> 1. 3歳に達するまでの子を養育する従業員は、申し出ることにより、就業規則第○条の始業および終業の時刻について、以下のように変更することができる。
>   ・通常勤務＝午前8時30分始業、午後5時30分終業
>   ・時差出勤A＝午前8時始業、午後5時終業
>   ・時差出勤B＝午前9時始業、午後6時終業
>   ・時差出勤C＝午前10時始業、午後7時終業

2．本条第1項にかかわらず、日雇従業員からの育児のための時差出勤の制度の申出は拒むことができる。

3．申出をしようとする者は、1回につき、1年以内の期間について、制度の適用を開始しようとする日および終了しようとする日ならびに時差出勤Aから時差出勤Cのいずれに変更するかを明らかにして、原則として適用開始予定日の1カ月前までに、育児時差出勤申出書（社内様式○）により人事部労務課に申し出なければならない。申出書が提出されたときは、会社は速やかに申出者に対し、育児時差出勤取扱通知書（社内様式○）を交付する。その他適用のための手続き等については、第9条から第11条までの規定（第9条第2項および第10条第3項を除く）を準用する。

4．本制度の適用を受ける間の給与および賞与については、通常の勤務をしているものとし減額しない。

5．定期昇給および退職金の算定に当たっては、本制度の適用を受ける期間は通常の勤務をしているものとみなす。

[例2]　事業所内保育施設
第23条の2
1．小学校就学の始期に達するまでの子を養育する従業員は、会社が設置する社内保育室を利用することができる。ただし、既に定員に達しているときは、この限りでない。

2．本条第1項にかかわらず、日雇従業員は、社内保育室を利用することができない。

3．利用者は、会社に対し食費（実費）を各月○円支払うものとし、これ以外の社内保育室に関する費用は原則として会社が負担する。

4．社内保育室の利用時間は、原則として平日の午前○時○分から午後○時○分までおよび土曜日の午前○時○分から午後○時○分までとし、日曜、祝日および会社が定めた休日は、閉室とする。

モデル規程㉔

介護短時間勤務

第24条

1. 要介護状態にある対象家族を介護する従業員は、申し出ることにより、当該家族1人当たり利用開始の日から3年の間で2回までの範囲内で、就業規則第○条の所定労働時間について、以下のように変更することができる。

   所定労働時間を午前9時から午後4時まで（うち休憩時間は、午前12時から午後1時までの1時間とする）の6時間とする。

2. 本条第1項にかかわらず、次のいずれかに該当する従業員からの介護短時間勤務の申出は拒むことができる。

   イ　日雇従業員

   ロ　労使協定によって除外された次の従業員

   （ア）入社1年未満の従業員

   （イ）1週間の所定労働日数が2日以下の従業員

3. 申出をしようとする者は、短縮を開始しようとする日および短縮を終了しようとする日を明らかにして、原則として、短縮開始予定日の2週間前までに、介護短時間勤務申出書（社内様式12）により人事部労務課に申し出なければならない。申出書が提出されたときは、会社は速やかに申出者に対し、介護短時間勤務取扱通知書（社内様式13）を交付する。その他適用のための手続き等については、第13条から第15条までの規定を準用する。

4. 本制度の適用を受ける間の給与については、別途定める給与規定に基づく労務提供のなかった時間分に相当する額を控除した基本給と、諸手当の全額を支給する。

5. 賞与の算定対象期間に本制度の適用を受ける期間がある場合においては、短縮した時間に対応する賞与は支給しない。

6. 定期昇給および退職金の算定に当たっては、本制度の適用を受ける期間は通常の勤務をしているものとみなす。

▶ 概要

　介護のための「所定労働時間の短縮等（介護短時間勤務等）の措置」は、平成29年1月の改正育介法施行により全面的に見直され、介護休

業（対象家族1人につき、通算93日を限度に3回まで）とは別に、対象家族1人につき、3年以上の期間において2回以上（介護サービス費用の助成を除く）介護短時間勤務等が利用できることとされました（育介法23条3項）。

なお、介護のための「所定労働時間の短縮等の措置」は選択的措置であり、事業主は以下の四つのいずれかの措置を講じなければなりません（育介法23条3項、育介則74条3項）。

①所定労働時間の短縮措置（介護短時間勤務の措置）

（イ）1日の所定労働時間を短縮する制度

（ロ）週または月の所定労働時間を短縮する制度

（ハ）週または月の所定労働日数を短縮する制度

（ニ）労働者が個々に勤務しない日または時間を請求することを認める制度

②フレックスタイム制

③始業終業時刻の繰り上げ・繰り下げ制度

④労働者が利用する介護サービス費用の助成またはそれに準ずる制度

※④を除き、3年の間で2回以上利用できる措置とすることが必要です。

◆ 条文解説

┃第1項┃

▶ 要介護状態にある対象家族

要介護状態にある対象家族は、介護休業における定義と同様です（P.94参照）。

▶ 3年の間で

介護短時間勤務は、利用開始から「連続する3年の期間以上の期間」としています。3年の「期間以上の期間」となっているのは、法律で定める最低基準が3年であり、3年以上の期間を定めるという意味です。

▶ 2回まで

　介護短時間勤務の場合、法は、「介護休業」と「介護短時間勤務」を交互に利用することを想定しています。

　例えば介護休業を取得する前に1回目の介護短時間勤務を利用し、その後介護休業を取得した後、要介護者の症状が安定してから2回目の介護短時間勤務を利用するようなケースです（育介通達、[**図表27**]）。

▶ 6時間とする

　介護短時間勤務は、1日の労働時間を短縮する以外に、隔日勤務や特定の曜日のみの勤務とするなど、労働日数を短縮する方法などによ

図表27 介護短時間勤務の利用例

（例1）

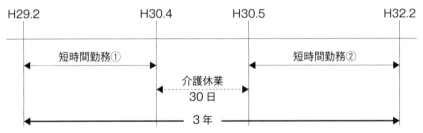

　介護休業を、介護のための所定労働時間の短縮措置の間に挟んで取得することも可能です。

（例2）

　介護のための所定労働時間の短縮措置は、制度上、2回以上利用できるようにすればよく、労働者が望む場合は、上記のような利用もすることが可能です。

り労働時間を短縮する方法も含まれます。

　また、育児のように1日6時間の短時間勤務を必ず設定することと義務づけられているわけではなく、その事業所における通常の所定労働時間が8時間の場合は2時間以上、7時間の場合は1時間以上の短縮となるような所定労働時間の短縮の制度を設けることが望ましいとされています（育介通達）。

▌第2項▌

▶ 労使協定によって除外

　介護短時間勤務については、法律により除外される労働者（下記①）と、労使協定の締結により除外される労働者がいますが、育児短時間勤務の場合と一部対象が異なる点に注意が必要です（育介法23条3項。P.169参照）。

　①日雇労働者
　②労使協定を締結することにより除外される労働者
　　（イ）入社後1年未満の労働者
　　（ロ）1週間の所定労働日数が2日以下の労働者

▌第3項▌

▶ 原則として、短縮開始予定日の2週間前までに

　介護短時間勤務については、育児短時間勤務と同様に、適用を受けようとする労働者の希望に配慮しつつ、社内の運用ルールを適切に定めることが必要です。モデル規程では介護休業と同様に、申出の時期を「開始予定日の2週間前まで」としています。

❯ 実務ポイント・事例 ────────────

3年の起算日

事業主が「所定労働時間の短縮等の措置」を講じなければならない3

第2章　モデル規程の逐条解説　**181**

年の起算日は、労働者が介護のための「所定労働時間の短縮等の措置」の利用を開始する日として申し出た日になります。例えば、平成30年3月1日に、平成30年4月1日から介護短時間勤務制度の利用を開始する旨を事業主に申し出た場合、労働者は平成33年3月31日まで措置を利用することができます。

改正前の利用期間がある場合の起算日

　改正法施行日前に利用実績があった場合でも、改正法施行日の平成29年1月1日以降初めて制度の利用を開始する日として労働者が申し出た日が起算日になります（平成28年改正育介法Q&A）。

管理監督者

　介護のための所定労働時間の短縮等の措置には、所定労働時間の短縮、時差出勤、フレックスタイム制が選択肢として列挙されており、業務の性質上これらの措置が困難な場合のために、介護サービス費用の助成という選択肢が用意されています。

　労基法41条が定める管理監督者については、労働時間等に関する規定が適用除外とされていることから、上記の所定労働時間の短縮等の措置（介護短時間勤務等の措置）を講じる必要はないとされています（平成28年改正育介法Q&A）。

子の範囲

　介護短時間勤務の対象となる子の範囲については、育児のための所定労働時間の短縮措置とは異なり、法律上の親子関係がある子のみになります。

❷ 規定バリエーション

1回に申出できる期間を最大1年間とした例

バリエーション例

第24条

1. 要介護状態にある対象家族を介護する従業員は、申し出ることにより、当該家族1人当たり利用開始の日から3年の間で3回までの範囲内で、就業規則第○条の所定労働時間について、以下のように変更することができる。

   所定労働時間を午前9時から午後4時まで（うち休憩時間は、午前12時から午後1時までの1時間とする）の6時間とする。

2. 本条第1項にかかわらず、日雇従業員からの介護短時間勤務の申出は拒むことができる。

3. 申出をしようとする者は、1回につき、1年以内の期間について、短縮を開始しようとする日および短縮を終了しようとする日を明らかにして、原則として、短縮開始予定日の2週間前までに、介護短時間勤務申出書（社内様式12）により人事部労務課に申し出なければならない。申出書が提出されたときは、会社は速やかに申出者に対し、介護短時間勤務取扱通知書（社内様式13）を交付する。その他適用のための手続き等については、第13条から第15条までの規定を準用する。

「所定労働時間の短縮等の措置」における選択的措置義務

　介護に対する「所定労働時間の短縮等の措置」には下記の①から④のいずれかまたは複数を会社が選択することにより措置を講じることが必要です。

　　①短時間勤務の制度

　　②フレックスタイム制

　　③始業終業時刻の繰り上げ・繰り下げ制度

　　④労働者が利用する介護サービス費用の助成その他これに準ずる制度

　このうち④の措置としては、要介護状態にある対象家族を介護する労働者が就業中に、その労働者に代わって対象家族を介護するサービスを

第2章　モデル規程の逐条解説　183

利用する場合、労働者が負担すべき費用を助成する制度その他これに準ずる制度を設けることが該当します（育介法23条3項、育介則74条3項）。

　これら③または④の措置を講じる場合の規定例は、次のようになります。

バリエーション例

[例1] 始業終業時刻の繰り上げ・繰り下げの制度
第24条
1. 要介護状態にある対象家族を介護する従業員は、申し出ることにより、当該家族1人当たり利用開始の日から3年の間で2回までの範囲を原則として、就業規則第○条の始業および終業の時刻について、以下のように変更することができる。
   ・通常勤務＝午前8時30分始業、午後5時30分終業
   ・時差出勤A＝午前8時始業、午後5時終業
   ・時差出勤B＝午前9時始業、午後6時終業
   ・時差出勤C＝午前10時始業、午後7時終業
2. 本条第1項にかかわらず、日雇従業員からの介護のための時差出勤の制度の申出は拒むことができる。
3. 申出をしようとする者は、制度の適用を開始しようとする日および終了しようとする日ならびに時差出勤Aから時差出勤Cのいずれに変更するかを明らかにして、原則として、適用開始予定日の2週間前までに、介護時差出勤申出書（社内様式○）により人事部労務課に申し出なければならない。申出書が提出されたときは、会社は速やかに申出者に対し、介護時差出勤取扱通知書（社内様式○）を交付する。その他適用のための手続き等については、第13条から第15条までの規定を準用する。
4. 本制度の適用を受ける間の給与および賞与については、通常の勤務をしているものとし減額しない。
5. 定期昇給および退職金の算定に当たっては、本制度の適用を受ける期間は通常の勤務をしているものとみなす。

[例2] 介護サービス利用の費用助成

第24条

1. 要介護状態にある対象家族を介護する従業員は、会社が締結した契約に基づく介護サービス会社による当該家族に係る介護サービス（以下「介護サービス」という）を利用した際に要した費用について、当該サービスの利用開始の日から3年間、会社から助成を受けることができる。

2. 本条第1項にかかわらず、日雇従業員は、介護サービス利用の費用助成を受けることができない。

3. 助成額は、従業員が介護サービスの利用に当たり支払った額の○分の○に相当する額とする。助成対象となる介護サービスの利用日数の限度は、年間○日とする。

4. 助成のための申請手続き等は、次によるものとする。

（1）助成を希望する者は、原則として助成を希望する介護サービスの利用を開始しようとする日の○日前までに、介護サービス利用費用助成申請書（社内様式○）により人事部労務課に申し出なければならない。

（2）介護サービス利用費用助成申請書（社内様式○）が提出されたときは、会社は、速やかに当該介護サービス利用費用助成申請書を提出した者に対する介護サービス利用費用助成の可否を決定し、通知する。

（3）その他助成のための申請手続き等については、第13条から第15条までの規定を準用する。

5. 助成金の支給は、次によるものとする。

（1）本条第4項により介護サービス利用費用助成を受けることができる旨の通知を受け、介護サービスを利用した者は、利用した当該サービスに係る当月の支払い分について、介護サービス利用報告書（社内様式○）に領収書を添付の上、翌月○日までに人事部労務課に提出するものとする。

（2）人事部労務課は、前号の介護サービス利用報告書および領収書を審査の上、当該利用額に係る助成金を口座振込または現金にて支払うものとする。

第2章　モデル規程の逐条解説　185

7 その他雑則

モデル規程㉕

年次有給休暇に関する事項

第25条

1. 就業規則第○条第○項に規定する、年次有給休暇の付与に係る出勤率の算定は、以下の計算式により算出する。なお、第2項に規定する期間については出勤したものとみなして取り扱う。また、休業期間中であっても年次有給休暇の付与は行われる。

   出勤率算定式：

   出勤した日（出勤したものとみなされる日を含む）÷全労働日

2. 以下の各号に規定する期間は出勤率の算定上出勤したものとみなして取り扱う。

   （1）産前産後休業を取得した期間

   （2）育児休業または介護休業を取得した期間

3. 生理休暇、子の看護休暇、介護休暇および出産に係る特別休暇を取得した日については、出勤率の計算においては欠勤したものと同様に取り扱う。

4. 産前産後休業、育児休業および介護休業を取得している期間中に年次有給休暇を取得することはできない。ただし、年次有給休暇の計画的付与等により育児休業および介護休業の申出以前に年次有給休暇の取得を申し出ていた場合はこの限りでない。

▶ 概要

　年次有給休暇は、基準日前6カ月または1年の「全労働日の8割以上出勤した（出勤率8割以上である）」ことが付与の要件になっています。出勤率の算定において、産前産後休業期間および育児・介護休業期間は「出勤したもの」として取り扱う必要があるため、育児休業等で出勤率の算定期間中すべての労働日を休業した場合でも事業主は新たな年次有給休暇を付与する必要があります。

　また、時効消滅（付与日から2年間）に関しても同様に取り扱うこと

186

となりますが、会社によっては時効消滅分の年次有給休暇を積み立て保存して育児休業期間中など一定の場合に取得することができる積立年休制度を設けている場合があり、近年、大企業を中心にこのような制度が増えてきています。

　なお、上記休業期間中は就労の義務が免除されているため、年次有給休暇を取得することはできませんが、年次有給休暇は時効による消滅があるため、残日数を正確に管理するためには、復職時にまとめて付与する運用ではなく休業前と同様の管理を行うことが望ましいと考えられます。

　また、計画的付与等により休業の申出以前から年次有給休暇の取得日が決定していた場合、休業期間中の当該日のみを年次有給休暇として取り扱う必要があります。

※本書では年次有給休暇の「付与」＝会社が労働者に年次有給休暇を与える（休暇請求権の発生）こと、「取得」＝実際に休暇を取得すること、として記載しています。

❯ 条文解説

▌第1項▐

▶ 出勤率の算定

　年次有給休暇は、所定の出勤率を満たすことが付与の要件になっています。具体的には基準日（雇い入れの日から6カ月経過した日、以後は1年ごとの日）前の雇い入れ日または直前の基準日までの期間中の全労働日のうち、8割以上出勤することとされています。

　なお、基準日を毎年4月1日に統一している等の場合で、基準日時点の出勤率の算定期間が6カ月または1年に満たないときは、不足の期間は出勤したものとして取り扱う点に関しても注意が必要です。

▶ 出勤したものとみなして取り扱う

　年次有給休暇の付与の要件に出勤率が定められているのは、労働者

第2章　モデル規程の逐条解説　187

の出勤状況を勘案して、特に勤務成績が不良な者を除外する趣旨ですので、正当な手続きにより労働義務が免除されている日については、必ずしも勤務不良と評価される性質のものではありません。

したがって、上述の出勤率の算定において、実際は出勤していない場合でも出勤した日とみなして計算すべきものが、以下のとおり労基法39条8項および関連通達で定められています（昭22.9.13　発基17、平6.3.31　基発181）。

①業務上の負傷または疾病により休業した期間

②産前産後の女性が労基法65条の定めにより休業した期間

③育介法に基づく育児・介護休業期間

④年次有給休暇を取得した日

特に、育児関係の長期休業から復職した際は年次有給休暇を必要とする場合も多いため、付与や時効消滅および積立年休に係る管理を慎重に行う必要があります。

▶休業期間中であっても年次有給休暇の付与は行われる

前述のとおり、年次有給休暇の付与は休業期間中であっても他の労働者と同様に行われる必要があります。育児休業や介護休業の取得期間中に基準日が到来した場合に、新たな年次有給休暇を付与しなくても問題はないものと誤認しないように注意が必要です。

付与のほか、時効による消滅等に関しても同様に取り扱うこととされていますが、時効消滅にかかる年次有給休暇を積立年休として保持できる制度がある場合には、消滅した日数に関しても漏れなく管理しておく必要があります。

┃第3項┃

▶生理休暇、子の看護休暇、介護休暇および出産に係る特別休暇

▶欠勤したものと同様に取り扱う

労基法上、出勤率の算定に当たって「出勤したものとみなす」こと

とされていない休暇についてどのように取り扱うかが問題となります。生理休暇（P.33参照）・子の看護休暇（P.122参照）・介護休暇（P.132参照）といった法定の休暇のうち、出勤率の算定に関して行政通達上明記されているのは生理休暇のみで、労基法上出勤したものとはみなされないが、当事者（事業主と労働者）の合意によって出勤したものとみなすことも差し支えない（昭23.7.31　基収2675、平22.5.18　基発0518第1）とされています。言い換えれば、必ずしも出勤したものとみなす必要はないということになります。

　その他の法定休暇に関しても、出勤したものとみなす旨の明示がない以上は、生理休暇に準じた取扱いとすることで差し支えないと考えられますので、本書ではそれぞれの各種法定休暇は欠勤したものと同様の扱いとすることとしています。

　その他慶弔休暇等の特別休暇に関しては、制度の趣旨からすると出勤したものとみなして取り扱うのが通常と考えられますが、原則として会社任意の福利厚生制度であり、有給、無給の別に関しても任意に決定することが可能な点から、本書ではその他の法定休暇に準じた取扱いとしています。

▌第4項▐
▶ **休業を取得している期間中に年次有給休暇を取得することはできない**
▶ **休業の申出以前に年次有給休暇の取得を申し出ていた場合はこの限りでない**

　年次有給休暇は、労働契約に基づく労働日の労働義務を免除する制度であるため、休業、休職のように労働義務を免除する制度が適用されている期間は、取得することができません。したがって、特に育児休業中に取得できる積立年休のような制度でない限りは、本人からの申請があったとしても年次有給休暇を取得することはできないこととなります。

第2章　モデル規程の逐条解説　189

なお、年次有給休暇の計画的付与等の制度により、当該休業の申出以前から年次有給休暇の取得が決定していた場合は、当該日を年次有給休暇とすることができます。この場合、年次有給休暇取得に係る賃金が支払われるため、育児休業給付金は一部停止（賃金額によっては併給）されることとなります。

▶ 実務ポイント・事例

休業期間中の年次有給休暇の管理

　特に育児休業等から復職した直後は、年次有給休暇を取得するケースが非常に多いため、休業期間中も労基法にのっとった適切な管理をしておく必要があります。例えば、育児休業期間中（および復職時）の年次有給休暇の管理では、以下のような点に注意する必要があります。

　①付与日数は適切か（年次加算を反映させているか）

　②付与時の出勤率の算定は適切か（出勤したものとみなす日の確認）

　③時効消滅日数は適切か（時効消滅の起算日は付与日）

　④時効消滅した日数の取扱い（積立年休等の制度がある場合のみ）

　⑤休業開始前に積立年休等の利用がないか

　⑥休業申出前に計画的付与等により取得された休暇がないか

　特に休業期間中に付与される日数、時効により消滅する日数をどのように取り扱うか（積立年休等の制度の有無）については就業規則を十分確認しておく必要があります。

　また、年末年始やお盆の休業期間を年次有給休暇の計画的付与に設定している会社の場合は、休業の申出と計画年休の決定のいずれが先かを確認して取扱いを決定してください。

育児休業期間中の賃金と育児休業給付金の調整

　育児休業給付金の支給対象期間中に積立年休の取得や年次有給休暇の計画的付与等があった場合、「就業日数」の欄に当該取得日数を記載し、

「支払われた賃金額」の欄に年次有給休暇の取得により支払われた賃金の総額を記載します。支払われた賃金額と育児休業給付金の支給額を合算した額が、休業開始時賃金月額の80％を超える場合は、不支給となります。

▶ 規定バリエーション

出勤率に係る有利な取扱い

「出勤したものとみなす」こととされているのは、前述の解説に記載したとおりですが、その他の法定休暇に関しても同様に取り扱うこととすることは差し支えありません。また、その他任意休暇（特別休暇）に関して同様に取り扱うことについても問題はありません。

バリエーション例

第25条

1. 就業規則第○条第○項に規定する年次有給休暇の付与に係る<u>出勤率の算定</u>に当たっては、下記の期間については<u>出勤したものとみなして取り扱う。</u>なお、<u>休業期間中であっても年次有給休暇の付与は行われる。</u>
   ①産前産後休業を取得した期間
   ②育児休業または介護休業を取得した期間
   ③生理休暇を取得した期間
   ④子の看護休暇および介護休暇を取得した期間
   ⑤就業規則第○条に規定する特別休暇を取得した期間

モデル規程㉖

給与等の取扱い

第26条

1. 産前産後休業および育児・介護休業の期間については、基本給その他の月ごとに支払われる給与は支給しない。

2. 賞与については、その算定対象期間に育児・介護休業を取得した期間が含まれる場合には、出勤日数により日割りで計算した額を支給する。

3. 定期昇給は、育児・介護休業期間中は行わないものとし、育児・介護休業期間中に定期昇給日が到来した者については、復職後に昇給させるものとする。

4. 退職金の算定に当たっては、育児・介護休業をした期間を勤務したものとして勤続年数を計算するものとする。

▶ 概要

均等法9条3項では、妊娠・出産等を理由とした解雇その他不利益な取扱いを行うことは禁止されています。「妊娠・出産等」には、妊娠または出産に起因する症状（つわり、妊娠悪阻、切迫流産、出産後の回復不全等）により労務の提供ができない（できなかった）ことまたは労働能率が低下したことも含まれます。

なお、育児・介護休業を取得したことによる解雇その他不利益な取扱いの禁止については、別途育介指針に規定されていますので、併せて留意する必要があります（P.213参照）。

不利益取扱いの禁止に関しては、①どのような事由を理由として、②どのような取扱いを行うことが不利益取扱いに当たるか——を認識し、自社の制度、運用がそれらに該当しないかを検討する必要があります。

最高裁判所でマタニティハラスメントに関する判断（広島中央保健生活協同組合［A病院］事件　最高裁一小　平26.10.23判決）が下されたことをきっかけに、社会全体の注目が高まったため、妊娠中、産前産後、育児休業期間中、復職直後に解雇、雇止め等を行うことについては

慎重な判断をする事業主が増えてきているように見受けられます。

一方で、人事制度（給与・賞与に関する取扱い）、評価・考課制度、配置転換等に関しては、十分に認識をせずに不利益取扱いをしてしまっている事例も数多くあるため、妊娠・出産・育児・介護を網羅した規程を整備する中で、このような取扱いが行われることのないよう、できる限り明文化しておくことが望ましいと思われます。

特に前記最高裁判決を受けて、妊娠・出産・育児休業等の終了から1年以内に行われた不利益取扱いは、原則として（特段の事情が存在する、または労働者が自由な意思により承諾したなどの事情がある場合は除く）妊娠・出産・育児休業等を契機としたものと解されることとされたため、事業主は運用面にも相当に注意を払う必要があると考えられます（育介指針、育介通達）。

本書では逐条解説後に不利益取扱いに関する解説のページを設けていますので、併せて参照ください（P.211参照）。

● 条文解説

第2項

▶ 日割りで計算

均等指針、育介指針では「減給をし、または賞与等において不利益な算定を行うこと」を不利益取扱いの一つとしています。また、同指針では、休業期間（子の看護休暇・介護休暇取得日、短時間勤務措置期間等を含む）中を金額算定の基礎とする賞与において、休業した期間に相当する日数（または短縮した時間の総数を日数に換算した場合に相当する日数）を日割りで算定対象期間から控除することは、不利益な取扱いには該当しないと明記しており、金額算定に当たっては、この方法を採用することが必要と考えられます。

第2章　モデル規程の逐条解説　193

‖第3項‖

▶ 休業期間中に定期昇給日が到来した

　休業期間中は賃金が支払われないことが一般的なため、昇給の処理自体は復職時にまとめて行うことも可能とされています。ただし、基本給を退職金や賞与に係る金額計算の基礎としている場合などは、昇給額を当該金額算出に反映することができないこととなるため、注意が必要です（他の休職制度利用者等も同様の取扱いであれば、不利益取扱いには該当しません）。

　なお、育児・介護休業を取得した労働者について、休業期間を超える一定期間昇進・昇格の選考対象としない人事評価制度とすることは不利益取扱いに該当することとされているため、例えば、休業等の取得を理由として、一律に当該年度の昇給を行わないこととする、等の取扱いをすることはできません（育介通達）。

‖第4項‖

▶ 勤務したものとして勤続年数を計算

　退職金に関する取扱いも、基本的には前記で解説した賞与と同様の取扱いをすることとされています。モデル規程では勤続年数には通算することとしていますが、休業期間を勤続年数から除外することとしても、あくまで労務提供のなかった休業期間に係る取扱いであれば問題ありません。この際にも、相対的に見て不利益な取扱いとならないよう、私傷病等により欠勤、休職している労働者の処遇とバランスを取る（私傷病の休職制度等と比して、不利益なものとしないように制度設計する）必要があります。

　なお、確定拠出年金、確定給付企業年金等の制度を導入し、勤続年数の通算以外の多数の要素をもって金額の計算を行う場合は、休業期間中の退職金ポイントの付与など複数の要素に係る取扱いを詳細に決定しておく必要がありますので、退職金規程との連動が必要となりま

す。ただしこのような場合でも、休業期間中を日割で控除することは可能であるという原則に照らして制度設計することができれば、不利益取扱いの問題は生じないものと考えられます。

❯ 実務ポイント・事例

休業開始前の事前説明

トラブルを未然に防ぐためには、休業開始時の面談において、休業期間中の保険料の免除、給付のような保険制度面以外にも、上記のような賞与、退職金等の取扱いを事前に説明しておく必要があると考えられます。

事業主はあらかじめ、労働者の育児休業および介護休業中における待遇に関する事項、育児休業および介護休業後における賃金、配置、その他の労働条件における待遇に関する事項を定め、労働者に周知するよう努めることとされています（育介法21条）。この点に対応する必要があることからも、この条文に係る規定によって、休業中の給与等の取扱いを明確化し、事前の面談等で労働者への説明を行うことが求められます。

❯ 規定バリエーション

定期昇給の取扱い

定期昇給は休業期間中であっても通常どおり行うこととすることも考えられます。ただし、このような規定をすることによって、退職金の算定基礎額に影響を与える場合があるため、留意する必要があります。例えば、退職金の加算ポイント・加算額を当該月の基本給としている場合などが考えられます。

第2章　モデル規程の逐条解説　195

> **バリエーション例**
>
> 第26条
> 3. 定期昇給は、育児・介護休業期間中であっても行うものとする。
> 4. 退職金ポイントは育児・介護休業期間中であっても、通常どおり付与する。
>   また、ポイントの算定に当たっては、育児・介護休業期間中の昇給を反映
>   させることとする。

休業期間中の退職金の取扱い

　退職金の取扱いに関して、私傷病による休職等に比して不利益に取り扱われておらず、かつ就労しなかった期間以上に算定対象期間から控除することがなければ、育児・介護休業の取得期間を計算対象から除外することも可能です。また、退職金の算定に当たり、休業取得期間の算入を2分の1にする等の取扱いをすることも差し支えないことになります。

> **バリエーション例**
>
> 第26条
> 4. 退職金の算定に当たっては、育児・介護休業をした期間中は欠勤または私
>   傷病による休職に係る取扱いと同じく、算定対象から除外する（休業期間
>   を2で除して得た期間を算定対象に換算する）こととする。

モデル規程㉗

介護休業期間中の社会保険料の取扱い

第27条
　介護休業により給与が支払われない月における社会保険料の被保険者負担分は、各月に会社が納付した額を翌月○日までに従業員に請求するものとし、従業員は会社が指定する日までに支払うものとする。

▶ 概要

介護休業期間中は産前産後休業、育児休業期間中と異なり、社会保険

料の免除制度がありません。休業期間中に賃金の支払いがない場合は源泉控除ができないため、労働者から別途振り込みをしてもらう必要があります。日本年金機構および健康保険組合からの保険料の請求は他の労働者と同時に行われるので、経理処理を簡便にするため、給与計算処理と同時期に振り込まれるよう調整するのが一般的です。

❯ 実務ポイント・事例

年末調整に係る影響

会社経理上問題が生じなければ、複数月分の社会保険料を一括で振り込んでもらう、または復職時の給与または賞与で調整するという対応でも問題ありません。ただし、所得税に係る年末調整に影響が生じる可能性があるため、年度をまたいで休業した場合、年度内には一度精算のための振り込みをしてもらうよう調整することが望ましいと考えられます。

❯ 規定バリエーション

復職時の一括納付

上述のとおり、未払いとなっている保険料は復職時の一括納付扱いとしても問題はありません。預かりとなった保険料を回収する方法として、①給与で分割徴収する、②賞与で一括徴収する、③別途振り込みとする等の方法が考えられますが、給与で調整する場合は手取り額が著しく少なくならないよう、複数の給与支払月に案分して調整することをお勧めします。

第2章　モデル規程の逐条解説　197

バリエーション例

第27条

　介護休業により給与が支払われない月における社会保険料の被保険者負担分は、復職時に全休業期間分を一括で徴収する。なお、徴収は以下のいずれかから労働者が選択した方法により行うものとする。

①復職月の翌月の賃金から休業した月数に応じて案分徴収する

②直後に支払われる賞与にて一括徴収する

③会社指定口座に指定した日までに振り込みをする（手数料会社負担）

モデル規程㉘

円滑な取得および職場復帰支援

第28条

　会社は、育児休業または介護休業等の取得を希望する従業員に対して、円滑な取得および職場復帰を支援するために、以下の措置を実施する。

イ　従業員やその配偶者が妊娠・出産したことや従業員が対象家族の介護を行っていることを知った場合、その従業員に個別に育児休業等に関する制度（育児・介護休業中および休業後の待遇や労働条件、パパ休暇、パパ・ママ育休プラス、その他の両立支援制度など）の周知を実施する。

ロ　会社は労働者の休業復帰に際しては、<u>必要な支援をし</u>、また会社が必要と認める限りの<u>援助計画を作成・提示する</u>ものとする。

● 概要

　第26条（給与等の取扱い）の実務ポイントで記載したとおり、育介法21条で事業主は、育児休業および介護休業に関して、あらかじめ、労働者の育児休業および介護休業中における待遇に関する事項、育児休業および介護休業後における賃金、配置その他の労働条件に関する事項等を定め、労働者に周知するよう努めなければならないこととされています。

　また、平成29年10月1日施行の育介法改正により、単に労働者全般

に周知するにとどまらず、事業主が労働者またはその配偶者が妊娠もしくは出産したこと、または対象家族を介護していることを知った場合は、当該労働者に対して個別に、育児・介護休業に関する定めを周知するよう努めることとされました（育介法21条）。

● 条文解説

▎第1項▎

▶ 必要な支援をし

▶ 援助計画を作成・提示する

　育介指針では、育児・介護休業の制度のほか、会社が独自の両立支援制度を有している場合は併せて周知することが望ましいとされています。会社独自の両立支援制度を構築することで、労働者のスムーズな職場復帰が期待できるほか、上司、同僚との相互理解を深められる、プラチナくるみん認定、両立支援等助成金の申請要件の一つとなる等の利点があります。

● 実務ポイント・事例

制度説明用のリーフレット等の配付

　育児・介護関係の制度は説明が難しく、説明者の知識、経験の多寡によって伝えるべき内容が異なってくることが考えられます。偏りなく情報を提示するためには、法律制度、保険制度、会社制度等を網羅した案内文書の作成が必要と考えられます。厚生労働省、労働局等の行政機関も読みやすいリーフレットを幾つも作成していますので、これらを参考に会社独自のものを作成するとよいでしょう。

　なお、法で規定する制度周知に関する条文は努力義務となっており、制度周知が運用上適切に行われていれば、必ずしも規程に明記しておく必要はありません。そのような場合には、本条文は設けておかなくても（あるいは制度周知が進んだ時点で削除しても）差し支えありません。

モデル規程㉙

復職後の勤務

第29条

1. 育児・介護休業後の勤務は、原則として、休業<u>直前の部署および職務とする。</u>

2. 本条第1項にかかわらず、本人の希望がある場合および組織の変更等やむを得ない事情がある場合には、部署および職務の変更を行うことがある。この場合は、育児休業終了予定日の1カ月前または介護休業終了予定日の2週間前までに正式に決定し通知する。

▶概要

　育介法22条は、育児・介護休業後の就業が円滑に行われるようにするため、①労働者の配置その他の雇用管理、②休業期間中の労働者の職業能力の開発および向上等について、必要な措置を講ずるよう努めなければならないこととしています。

　長期休業からの復職時は、環境の変化や生活リズムを取り戻すために労働者に大きな負荷がかかることが予測されます。この点、育介法では円滑な職場復帰のため、原職または原職相当職へ復帰させることで、少しでも環境の変化が緩和するように配慮しているといえます。

▶条文解説

第1項

▶ 直前の部署および職務とする

　「原職相当職」の範囲は、個々の企業または事業所における組織の状況、業務配分、その他の雇用管理の状況によってさまざまですが、一般的に、①休業後の職制上の地位が休業前より下回っていないこと、②休業前と休業後とで職務内容が異なっていないこと、③休業前と休業後とで勤務する事業所が同一であることのいずれにも該当する場合には、「原職相当職」と評価されます（育介通達）。

▶ 実務ポイント・事例

　原職相当職と評価される要件をいずれも満たす条件で、異動や配置転換を行うことは相当に困難と思われるため、休業中や復職時の人事異動は相当慎重に行うべきといえます。

　また、復職時の人事異動で降格、減給等を伴う人事異動を行うと、妊娠・出産、育児・介護休業を取得したことによる解雇等不利益な取扱いの禁止に該当する可能性もあり、相当にリスクが生じます。降格や減給に該当しなくても、わずかな労働条件の変更が復職直後の労働者には負担となることを考慮し、可能な限り原職に復帰することができるよう調整するべきと考えます。

モデル規程㉚

禁止行為

第30条

　すべての従業員は、他の従業員を業務遂行上の対等なパートナーとして認め、職場における健全な秩序ならびに協力関係を保持する義務を負うとともに、職場内において次の各号に掲げる行為をしてはならない。

（1）部下の育児・介護に関する制度や措置の利用等に関し、解雇その他不利益な取扱いを示唆する言動

（2）部下または同僚の育児・介護に関する制度や措置の利用を阻害する言動

（3）部下または同僚が育児・介護に関する制度や措置を利用したことによる嫌がらせ等

（4）部下である従業員が（1）〜（3）の行為を受けている事実を認めながら、これを黙認する上司の行為

▶ 概要

　育介法に定める制度または措置の利用に関する職場内での言動により、当該労働者の就業環境が害されることのないよう、雇用管理上必要な措置を講じなければなりません。

なお、就業規則に委任規定を設けた上、別規程に禁止行為等の詳細を明記する形を採ることでも差し支えありません（育介法25条）。

▶ 条文解説

┃第1項┃

▶ 次の各号に掲げる行為

育児休業等に関する労働者の就業環境が害されることについて、具体的に記載することになります。

▶ これを黙認する上司の行為

禁止行為とされる言動には、労働者に対し直接行うものだけでなく、部下である労働者がハラスメントを受けている事実を認めながらこれを黙認する上司の行為なども含まれます。

▶ 実務ポイント・事例

均等法に規定する妊娠・出産・産休等に関するハラスメント

モデル規程の第30〜33条は、育介法に規定するハラスメントについて定めたものですが、均等法に規定するハラスメントについても定めておくことが必要です。

モデル規程㉛

懲戒

第31条

次の各号に掲げる場合に応じ、当該各号に定める懲戒処分を行う。

(1) 第30条（1）〜（4）の行為を行った場合

就業規則第○条第1項①から④までに定めるけん責、減給、出勤停止または降格

(2) 前号の行為が再度に及んだ場合、その情状が悪質と認められる場合

就業規則第○条第1項⑤に定める懲戒解雇

▶ 概要

　職場における育児休業等に関するハラスメントに関し、育介指針が定める事業主が雇用管理上講ずべき五つの措置の中の一つである「事業主の方針等の明確化およびその周知・啓発」に関する規定です。育児休業等に関するハラスメントの行為者は厳正に対処する旨の方針および対処の内容を明らかにする必要があります（育介法25条、育介指針）。

　妊娠・出産・育児休業等に関するハラスメントの行為者に対しては、就業規則またはその他の職場における服務規律等を定めた文書に基づき、処分を行うことが求められます。

▶ 条文解説

▎第1項▎

▶ 懲戒処分

　第30条に定めるハラスメント行為について、どのような処分を行うかについては、法律上の規定はありませんが、内容、程度、情状により、弾力的に適用できるように規定しておく必要があります。

モデル規程㉜

相談および苦情への対応

第32条

1. 育児休業等に関するハラスメントの相談および苦情処理の相談窓口は本社および各事業場で設けることとし、その責任者は人事部長とする。人事部長は、窓口担当者の名前を人事異動等による変更の都度、周知するとともに、担当者に対する対応マニュアルの作成および対応に必要な研修を行うものとする。

2. 育児休業等に関するハラスメントの被害者に限らず、すべての従業員は育児休業等に関する就業環境を害する言動に関する相談および苦情を窓口担当者に申し出ることができる。

3. 対応マニュアルに沿い、相談窓口担当者は相談者からの事実確認の後、本

第2章　モデル規程の逐条解説　203

社においては人事部長へ、各事業場においては所属長へ報告する。報告に基づき、人事部長または所属長は相談者の人権に配慮した上で、必要に応じて行為者、被害者、上司その他の従業員等に事実関係を聴取する。

4. 本条第3項の聴取を求められた従業員は、正当な理由なくこれを拒むことはできない。

5. 対応マニュアルに沿い、所属長は人事部長に事実関係を報告し、人事部長は問題解決のための措置として、第31条による懲戒のほか、行為者の異動等被害者の労働条件および就業環境を改善するために必要な措置を講じる。

6. 相談および苦情への対応に当たっては、関係者のプライバシーは保護されるとともに、相談をしたことまたは事実関係の確認に協力したこと等を理由として不利益な取扱いは行わない。

▶概要

　職場における育児休業等に関するハラスメントに関し、育介指針が定める事業主が雇用管理上講ずべき五つの措置の中の「相談に応じ、適切に対応するために必要な体制の整備」「ハラスメントに係る事後の迅速かつ適切な対応」「ハラスメントの原因や背景となる要因を解消するための措置」「併せて講ずべき措置」に関する規定です。

　気軽に相談できるような仕組みができていること、迅速かつ正確に事実確認を行うこと、行為者に対する措置を適正に行うこと、プライバシーが保護されること、不利益な取扱いは行わないことなど、労働者が安心して相談できる体制を整備します（育介法25条、育介指針）。

▶条文解説

▌第1項▐

▶相談窓口

　相談窓口は、その他のハラスメントと複合的に生じることも想定されることから、育介指針では、その他のハラスメントの相談窓口を兼ねた一元的な体制とすることも望ましいとされています。外部の機関

に相談への対応を委託することも可能です。

▶ 窓口担当者

相談窓口担当者は、中立的な立場で相談を受け、解決に向けて取り組むことができる人材を選出するようにし、また、男女共含めた複数の担当者を選任すべきです。なお、労働者が利用しやすいよう、相談窓口の部署や担当者の名前を具体的に明示する必要があります。

▌第2項▐

▶ 育児休業等に関するハラスメントの被害者に限らず

育児休業等に関するハラスメントが現実に生じている場合だけでなく、発生のおそれがある場合や、該当するか微妙な場合も広く相談に応じ、適切な対応を行うことができるような体制であることが必要です。

▶ 育児休業等に関する就業環境を害する言動に関する相談および苦情

規程は、育介法に規定するハラスメントについて定めたものですが、均等法に基づく内容についても定めておくことが必要です。

▌第3項▐

▶ 対応マニュアル

育児休業等に関するハラスメント行為は、社内で発生するとは限りません。勤務時間外や派遣先で起きる場合もあります。さまざまな相談に応じることができるよう、あらかじめ留意点などを記載した対応マニュアルを準備しておくことが求められます。自社で用意する場合のひな型としては、厚生労働省がホームページで公開している「職場におけるハラスメント対策マニュアル」が有用です。

▶ 本社においては人事部長へ、各事業場においては所属長へ

相談窓口の担当者が相談を受けた後の対応として、その内容や状況に応じて、相談窓口の担当者と人事部門とが連携を図ることができる

第2章　モデル規程の逐条解説　205

仕組みとなっていることが必要です。

第4項

▶ <u>聴取を求められた従業員は、正当な理由なくこれを拒むことはできない</u>

　相談者と行為者との間で主張に不一致があり、事実確認が十分にできない場合などに、第三者から事情を聴取する根拠として定めておくことが必要です。

第5項

▶ <u>懲戒</u>

　育児休業等に関するハラスメントが生じた事実が確認された場合は、行為者に対する措置を適正に行うことが求められます。

　就業規則その他の職場における服務規律等を定めた文書に基づき、行為者に対して懲戒その他の適切な措置を講ずることを定めます。

▶ <u>被害者の労働条件および就業環境を改善するために必要な措置</u>

　事案の内容や状況に応じて、被害者の職場環境の改善や整備、被害者と行為者の間の関係改善に向けての援助、行為者の謝罪、被害者のメンタルヘルス不調への相談対応等の措置を講ずることなどが求められます。

第6項

▶ <u>関係者のプライバシーは保護される</u>

　育児休業等に関するハラスメントに係る情報は、相談者と行為者等のプライバシーに属するものであることから、相談者と行為者等のプライバシーが守られることが求められます。

　プライバシー保護のために相談窓口担当者の研修を行うことなども必要です。前出の厚生労働省「職場におけるハラスメント対策マニュアル」では、労働者が安心して相談できる相談窓口のポイントとして

次のような点を挙げています。

①相談者のプライバシーが確保される部屋を準備していること

②相談内容の秘密が守られること

③相談したことによって不利益な取扱いを受けないこと

④相談対応の全体の流れが分かりやすいこと（相談窓口の役割や、解決までの流れ、会社の妊娠・出産等のハラスメントに対する方針等の説明）

▶ 不利益な取扱いは行わない

労働者が相談したことや、事実関係の確認に協力したことなどを理由として、不利益な取扱いを行わないことを定めましょう。労働者が安心して相談できると感じられることが最も大切です。

モデル規程㉝

再発防止の義務

第33条

人事部長は、育児休業等に関するハラスメント事案が生じたときは、周知の再徹底および研修の実施、事案発生の原因の分析と再発防止等、適切な再発防止策を講じなければならない。

▶ 概要

職場における育児休業等に関するハラスメントに関し、事業主が雇用管理上講ずべき五つの措置の中の「ハラスメントに係る事後の迅速かつ適切な対応」および「ハラスメントの原因や背景となる要因を解消するための措置」に関する規定です。ハラスメントの事実が確認された場合は、再発防止に向けた措置や、ハラスメントの原因や背景となる要因を解消するための措置を講じなければなりません。また、事実が確認できなかった場合でも、同様の措置を講ずることが必要です（育介法25条、育介指針）。

第2章　モデル規程の逐条解説　207

▶ 条文解説

┃第1項┃

▶ 研修

　　社内での研修に当たっては、現に事案が起きたことをその場で明らかにしなくても差し支えありません。研修を定期的に繰り返し実施することで再発防止策となります。

▶ 事案発生の原因の分析

　　育児休業等に関するハラスメントの背景には、所定労働時間の短縮措置を利用することで短縮分の労務提供ができなくなること等により、周囲の労働者の業務負担が増大することなどもあると考えられています。このため、事業主は所定労働時間の短縮措置等を利用した労働者に対する配慮だけでなく、周囲の労働者の業務負担等にも配慮することが必要です。

　　また、所定労働時間の短縮措置等を利用した労働者の側においても、周囲とのコミュニケーションを図りながら適切に業務を遂行していくという意識を持つよう、事業主から周知・啓発することが求められます（育介指針）。

▶ 再発防止策

　　育児休業等に関するハラスメント防止に向けた事業主の方針などを、社内報、パンフレット、社内ホームページ等にあらためて掲載するなど、予防策を実施していくことが再発防止策にもつながると考えられます。

> **モデル規程㉞**

法令との関係

第34条
　育児・介護休業、子の看護休暇、介護休暇、育児・介護のための所定外労働の制限、育児・介護のための時間外労働および深夜業の制限ならびに所定労働時間の短縮措置等に関して、この規則に定めのないことについては、育児・介護休業法その他の法令の定めるところによる。

▶ 概要

　就業規則をはじめとした社内規程にはこのような包括委任規定を定めることが一般的です。規定がない場合でも法律に定められた事項は順守する必要がありますが、規程上に漏れがあった場合には法律の規定が適用になることを明らかにするための規定です。

　本書でご提案するモデル規程は、育介法のほか労基法、均等法が規定する内容も含むため、それらの法規制にも目を配ることが必要です。

第2章　モデル規程の逐条解説　209

第**3**章

不利益取扱いとハラスメント
防止措置に係る
子育て・介護関連規程の役割

▶ 本章について

　労働関係法令は法律上の権利を行使する労働者に対して、事業主の持つ権限を不当に行使することによって権利行使を妨げることや、行使した者を不利益に取り扱うことを禁止する規定を設けています。これは労使関係が対等になりにくく、事業主の権利の濫用を防止する規定を設けないと、労働者は権利行使しにくいものであるという一般則に基づいています。

　例えば、育介法10条では「労働者が育児休業申出をし、又は育児休業をしたことを理由として、（中略）解雇その他不利益な取扱いをしてはならない」としており、介護休業や短時間勤務措置等の制度にもそれぞれ規定されています。これを「不利益取扱いの禁止」といいます。

　事業主は、具体的にどのようなことを「理由」として、どのような「取扱い」を行うことがこの禁止規定に該当するかを十分に理解しておく必要があり、適切な対応を行わないと、そのような意図がなかったとしても、知らずに不法行為となってしまう場合があります。

　さらに、「妊娠、出産、育児休業等に関するハラスメント」は、社会問題として報道等でも取り上げられています。

　上記の「不利益取扱いの禁止」は、行為の主体が事業主であることを前提としたものですが、「妊娠、出産、育児休業等に関するハラスメント」（育介法25条関連）は同僚、上司等の行為を前提として区別します。

　例えば、労働者が育児短時間勤務の申出をしたところ、「育児短時間勤務制度を利用したければパートタイマーになってもらいたい」と雇用契約の変更を強要することは、「不利益取扱いの禁止」に該当し、上司が個人的に、「周りに迷惑が掛かるから遠慮してほしい」等と申出を取り下げるように言うことは、「妊娠、出産、育児休業等に関するハラスメント」に該当します。

　事業主は会社として不利益取扱いを行わないよう十分な制度整備をしなければならないとともに、職場内（社員間）でハラスメントが生じな

いように防止措置を講じる必要もあります。

　均等指針、育介指針等では、特にハラスメントの防止について、一定の行為の禁止や当該行為に対する罰則規定を就業規則等の規程に明記し、整備しておくことを事業主に義務づけており、また不利益取扱いについては制度運営上のルールを規程に明文化することで一定の防止効果が見込めるため、リスクヘッジにおける規程の役割は非常に大きいものといえます。

　本章では、不利益取扱いの禁止およびハラスメント防止措置に係る概要とモデル規程が持つ役割について解説します。

※なお、モデル規程の内容に関する不利益取扱いおよびハラスメント防止措置に係る法規制は、均等法、育介法の二つの法律にまたがって規定されていますが、本書ではひとまとめにして解説しています。

◉ 不利益取扱いの禁止

　解雇その他不利益な取扱いの禁止は労働者の一定の状態（例えば、妊娠等）、または一定の権利を行使あるいは申出した（例えば、育児休業の取得を申出した）ことを「理由として」「解雇その他不利益な取扱いを行った（例えば降格させた）」場合に適用されます［**図表28**］。

「理由として」いる（因果関係がある）かどうか

　育児休業期間中に解雇した場合であっても、その解雇が労働者の育児休業の申出または取得を理由としていなければ（因果関係がなければ）、必ずしも禁止されるものではありません（育介通達）。

　不利益取扱いの禁止に該当するかどうかが紛争化すると、この因果関係があるかどうかが大きなポイントとなりますが、判断が難しいところです。例えば、以前から無届けの遅刻早退といった勤務不良を再三にわたり注意されていたが、なお改善の見られなかった者が、育児休業の申出をした直後に人事考課の結果、基本給の減額が行われたといった事案

第3章　不利益取扱いとハラスメント防止措置に係る子育て・介護関連規程の役割　213

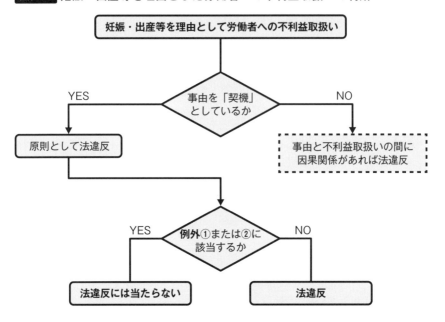

図表28 妊娠・出産等を理由とした労働者への不利益取扱いの判断

では、育児休業の申出と減額との間に因果関係があるかについて、労働者と使用者にどのような立証責任が生じるかが紛争において重要なポイントになります。

以前はどのような状況であれば因果関係があると判断されるかは、必ずしも明確ではありませんでしたが、平成27年に施行通達が改定され、次のとおり一定の考え方が示されました。

契機としているか≒時間的な近接

通達では、該当事由と解雇その他不利益な取扱いに該当する行為とが時間的に近接していれば、原則として当該事由を「契機として（因果関係があるものとして）」、不利益な取扱いが行われたものと解するとされています。

言い換えれば、会社側で因果関係がないこと（他の明白な理由があっ

たこと）を積極的に立証することができなければ、因果関係ありと判断するということになります（育介通達）。

なお、時間的に近接しているかどうかは、休業や短時間勤務制度の適用を受けている間はもちろんのこと、原則として当該事由の終了から1年以内に不利益取扱いがなされた場合は「契機として（理由として）」いるものと判断されることとされています。このため、制度の適用期間中と適用終了後1年間の取扱いについては、特に注意が必要です。

さらに、事由の終了から1年を超えていても、実施時期が事前に決まっている、またはある程度定期的になされる措置（人事異動・人事考課・雇止め等）については、事由の終了後の最初のタイミングまでの間に不利益取扱いが行われた場合は、「契機としている」と判断するとされており、単に1年の経過をもって、因果関係がないと判断されるわけではありません。

「例外」に該当するケース

前述のとおり、因果関係のある不利益取扱いが行われた場合は、基本的には当該行為は無効となりますが、以下のような「例外」に該当すると判断される場合は、因果関係のある行為でも有効とされることもあります。時間的に近接している場合は、この例外に該当することを会社側が証明しないと、原則として解雇その他の取扱いは無効となるため、注意が必要です。

〈例外①〉 業務上の必要性が不利益取扱いの影響を上回る特段の事情がある

- ・経営状況の悪化が理由である場合
  不利益取扱いをしなければ業務運営に支障が生じる状況にあり、不利益取扱いを回避する合理的な努力がなされ、人員選定が妥当である 等
- ・本人の能力不足等が理由である場合

妊娠等の事由の発生前から能力不足等が問題とされており、不利益取扱いの内容・程度が能力不足等の状況と比較して妥当で、改善の機会を相当程度与えたが改善の見込みがない 等

〈例外②〉**本人が同意し、または一般的労働者が同意する合理的理由が客観的に存在する**

・契機となった事由や取扱いによる有利な影響（労働者の求めに応じて業務量が軽減されるなど）があって、それが不利な影響を上回り、不利益取扱いによる影響について事業主から適切な説明があり、労働者が十分理解した上で応じるかどうかを判断できた 等

　実際にはより詳細な状況等を確認した上で違法性の判断を行いますので、会社側は特別の事情があったこと、または労働者に十分な説明を行い、自ら選択してもらったことをしっかり記録し（場合によっては、本人の署名を受ける）、保存しておくことが必要と考えられます。

「行為」に関する事項

　前述の「理由として」とされる部分とともに、「解雇その他不利益な取扱い」として禁止される行為について、どのような「行為」が当該取扱いに該当するかを併せて理解しておく必要があります。この具体的な内容は均等指針、育介指針においてそれぞれ定められており、これらを一覧表にすると、［**図表29**］のとおりです。事業主は前述の事由を理由として、解雇等不利益な取扱いに該当する行為が行われることのないように十分注意する必要があります。

図表29 「理由として」禁止される内容と「不利益な取扱い」とされる行為

以下のようなことを理由として		モデル規程の関連条文	均等法の規定	育介法の規定
①	妊娠したこと	－	○	
②	出産したこと	－	○	
③	妊娠中および出産後の健康管理に関する措置を求め、または当該措置を受けたこと	第4条	○	
④	坑内業務の就業制限もしくは危険有害業務の就業制限の規定により業務に就くことができないこと、坑内業務に従事しない旨の申出もしくは就業制限の業務に従事しない旨の申出をしたことまたはこれらの業務に従事しなかったこと	第2条	○	
⑤	産前休業を請求し、もしくは産前休業をしたことまたは産後の就業制限の規定により就業できず、もしくは産後休業をしたこと	第6条	○	
⑥	軽易な業務への転換を請求し、または軽易な業務に転換したこと	第2条	○	
⑦	事業場において変形労働時間制が取られる場合において1週間または1日について法定労働時間を超える時間について労働しないことを請求したこと、時間外もしくは休日について労働しないことを請求したこと、深夜業をしないことを請求したことまたはこれらの労働をしなかったこと	第5条	○	
⑧	育児時間の請求をし、または育児時間を取得したこと	第22条		○
⑨	妊娠または出産に起因する症状により労務の提供ができないこともしくはできなかったことまたは労働能率が低下したこと	－		○
⑩	育児休業の申出をし、または育児休業をしたこと	第8条		○
⑪	子の看護休暇の申出をし、または子の看護休暇を取得したこと	第16条		○
⑫	所定外労働の制限の請求をし、または事業主が当該請求をした労働者について所定労働時間を超えて労働させてはならない場合に当該労働者が制限時間を超えて労働しなかったこと	第19条		○
⑬	時間外労働の制限の請求をし、または事業主が当該請求をした労働者について制限時間を超えて労働させてはならない場合に当該労働者が制限時間を超えて労働しなかったこと	第20条		○

第3章　不利益取扱いとハラスメント防止措置に係る子育て・介護関連規程の役割　217

以下のようなことを理由として	モデル規程の関連条文	均等法の規定	育介法の規定
⑭ 深夜業の制限の請求をし、または事業主が当該請求をした労働者について深夜に労働させてはならない場合に当該労働者が深夜において労働しなかったこと	第21条		○
⑮ 所定労働時間の短縮措置等の申出をし、または当該労働者にその措置が講じられたこと	第23条、第24条		○
⑯ 労働者が、妊娠・出産、育児等をする等同社に関する措置についての労働者と事業主の紛争に関し、都道府県労働局長の援助を求めたこと	-	○	○
⑰ 労働者が、妊娠・出産、育児等をする労働者に関する措置について労働者と事業主の紛争に関し、紛争調整委員会による調停の申請をしたこと	-	○	○

以下のような不利益な取扱いをしてはならない	均等法の規定	育介法の規定
① 解雇すること	○	○
② 期間を定めて雇用される者について、契約の更新をしないこと	○	○
③ あらかじめ契約の更新回数の上限が明示されている場合に、当該回数を引き下げること	○	○
④ 退職または正社員をパートタイム労働者等の非正規社員とするような労働契約内容の変更の強要を行うこと	○	○
⑤ 降格させること	○	○
⑥ 就業環境を害すること	○	○
⑦ 不利益な自宅待機を命ずること	○	○
⑧ 減給をし、または賞与等において不利益な算定を行うこと	○	○
⑨ 昇進・昇格の人事考課において不利益な評価を行うこと	○	○
⑩ 不利益な配置の変更を行うこと	○	○
⑪ 派遣労働者として就業する者について、派遣先が当該派遣労働者に係る労働者派遣の役務の提供を拒むこと	○	○
⑫ 労働者が希望する期間を超えて、その意に反して所定外労働の制限、時間外労働の制限、深夜業の制限または所定労働時間の短縮措置等を適用すること		○

不利益取扱いの防止において規程の持つ役割

　不利益取扱いは、禁止される行為を可能な限り規程の中に明記し、実

務上の取扱いで不法行為が生じることのないよう防止を図り、リスクヘッジするとよいかと思います。

　具体的には給与・賞与等の取扱いや休業中の年次有給休暇の取扱い等が該当しますが、条文上での規定方法等については、個別の解説ページを参照ください。

◎不利益取扱いの禁止に関する条文の解説

　　第23条　育児短時間勤務（P.166）

　　第24条　介護短時間勤務（P.178）

　　第25条　年次有給休暇に関する事項（P.186）

　　第26条　給与等の取扱い（P.192）

　　第29条　復職後の勤務（P.200）

❱ ハラスメント防止措置

　均等法および育介法では、職場における妊娠・出産・育児休業等（介護休業を含む）に関する言動により就業環境が害されることのないように、防止措置を講じることを事業主に義務づけています。

　育介指針により規定される防止措置は、ハラスメントが生じる前に講じるべきものから、発生後の対応まで多岐にわたるため、事業主は適切に社内の環境整備を行う必要があります。

ハラスメントの類型

　ハラスメントは大きく分けて二つの種類に分類され、それぞれ以下のような内容を指します。

①制度等の利用への嫌がらせ型

　次の制度または措置（制度等）の利用に関する上司・同僚の言動により労働者の就業環境が害されるものをいいます。

均等法	育介法
①妊娠中および出産後の健康管理に関する措置（母性健康管理措置） ②坑内業務の就業制限および危険有害業務の就業制限 ③産前休業 ④軽易な業務への転換 ⑤変形労働時間制が取られる場合における法定労働時間を超える労働時間の制限、時間外労働および休日労働の制限ならびに深夜業の制限 ⑥育児時間	①育児休業 ②介護休業 ③子の看護休暇 ④介護休暇 ⑤所定外労働の制限 ⑥時間外労働の制限 ⑦深夜業の制限 ⑧育児のための所定労働時間の短縮措置 ⑨始業時刻変更等の措置 ⑩介護のための所定労働時間の短縮措置

②状態への嫌がらせ型

　女性労働者が妊娠したこと、出産したこと等、次の状態となったことに関する言動により就業環境が害されるものをいいます。

①妊娠したこと
②出産したこと
③坑内業務の就業制限もしくは危険有害業務の就業制限の規定により業務に就くことができないことまたはこれらの業務に従事しなかったこと
④産後の就業制限の規定により就業できず、または産後休業をしたこと
⑤妊娠または出産に起因する症状により労務の提供ができないこともしくはできなかったことまたは労働能率が低下したこと

事業主が講ずべき措置

　職場における「妊娠、出産、育児休業等に関するハラスメント」を防止するために事業主が講ずべき措置は、「事業主が職場における妊娠、出産等に関する言動に起因する問題に関して雇用管理上講ずべき措置についての指針」（平成29年1月1日適用。平28.8.2　厚労告312）において大きく五つに分類されています［**図表30**］。

図表30 妊娠、出産、育児休業等に関するハラスメントを防止するために事業主が講ずべき五つの措置

●事業主の方針の明確化およびその周知・啓発
①以下の事項を明確化し、管理・監督者を含む労働者に周知・啓発すること
・妊娠・出産・育児休業等に関するハラスメントの内容
・妊娠・出産等、育児休業等に関する否定的な言動が職場における妊娠・出産・育児休業等に関するハラスメントの発生の原因や背景となり得ること
・妊娠・出産・育児休業等に関するハラスメントがあってはならない旨の方針
・制度等の利用ができることを明確化し、管理・監督者を含む労働者に周知・啓発すること
②妊娠・出産・育児休業等に関するハラスメントに係る言動を行った者については、厳正に対処する旨の方針・対処の内容を就業規則等の文書に規定し、管理・監督者を含む労働者に周知・啓発すること
●相談（苦情を含む）に応じ、適切に対応するために必要な体制の整備
①相談窓口をあらかじめ定めること
②相談窓口担当者が、内容や状況に応じ適切に対応できるようにすること
③妊娠・出産・育児休業等に関するハラスメントが現実に生じている場合だけでなく、その発生のおそれがある場合や、妊娠・出産・育児休業等に関するハラスメントに該当するか否か微妙な場合であっても広く相談に対応すること
●職場におけるハラスメントへの事後の迅速かつ適切な対応
①事実関係を迅速かつ正確に確認すること
②事実確認ができた場合には、速やかに被害者に対する配慮の措置を適正に行うこと
③事実確認ができた場合には、行為者に対する措置を適正に行うこと
④再発防止に向けた措置を講ずること
●職場における妊娠・出産等に関するハラスメントの原因や背景となる要因を解消するための措置
業務体制の整備など、事業主や妊娠等した労働者その他の労働者の実情に応じ、必要な措置を講ずること
●併せて講ずべき措置
①相談者・行為者等のプライバシーを保護するために必要な措置を講じ、周知すること
②相談したこと、事実関係の確認に協力したこと等を理由として不利益な取扱いを行ってはならない旨を定め、労働者に周知・啓発すること

事業主が講ずべき措置において規程の持つ役割

　事業主の方針の明確化およびその周知・啓発の中で、ハラスメントに係る言動を行った者を厳正に対処すべき旨を文書で規定し、周知・啓発する必要があるとされています。

したがって、就業規則の「服務規律」「懲戒」等の規定において、ハラスメントの行為者に係る対応を明文化する必要があります。本書のモデル規程では、禁止される行為と懲戒規定を就業規則より抜粋して規定していますが、就業規則本文にも同様の規定を設けておくと、より明確化されるでしょう。

　また、相談（苦情を含む）に応じ、適切に対応するために必要な体制の整備として、窓口を定め、相談への対応方法、再発防止の策を規定化しておくことが考えられます。本書では、下記の該当条文で解説していますので、参照ください。

◎ハラスメント防止措置に関する条文の解説

　第30条　禁止行為（P.201）

　第31条　懲戒（P.202）

　第32条　相談および苦情への対応（P.203）

　第33条　再発防止の義務（P.207）

第4章

モデル規程・労使協定例に基づく
チェックリスト
および
育児・介護の制度に関する
手続きチェックシート

モデル規程・労使協定例に基づくチェックリスト

　第2章で、モデル規程について細かく逐条で解説しましたが、ここではモデル規程および労使協定例（第5章）に示した特に重要な項目とその内容・ポイントをチェックリスト形式で記載しました。法令の定めに基づき、どのような点を規定に反映させなければならないかを一目で分かるようにしましたので、今後の自社規定の見直しおよび規程作成の際にご活用ください（なお、記載した内容は、第2章のモデル規程の前提としている平成30年9月現在の法令等に基づいて整理しています）。

【規程チェックリスト】

◎「条文番号」は第2章のモデル規程と対応しています

	条文番号	チェック項目	YES	NO	ポイント
妊娠中・産後	1	目的			規程の目的を記載
	2	妊産婦の就業制限および妊娠中の軽易な業務への転換			①妊産婦(妊娠中および産後1年を経過しない女性)を、危険有害業務に就かせてはならない ②妊娠中の女性が請求した場合、他の軽易な業務に転換させなければならない
	3	生理休暇			①無給・有給の記載(いずれでも可) ②取得日数を制限することは不可
	4	母性健康管理の措置			①保健指導または健康診査を受診するため通院に必要な時間を請求した場合に付与 　イ 妊娠23週まで　　　　　　　4週間に1回 　ロ 妊娠24週から35週まで　　2週間に1回 　ハ 妊娠36週以降　　　　　　　1週間に1回 ②妊娠中の通勤緩和の措置・休憩時間の措置・指導事項遵守の措置
	5	妊産婦の時間外労働等の制限			妊産婦が請求した場合 ①変形労働時間制(フレックスタイム制除く)は適用できない ②時間外労働・休日労働をさせてはならない ③深夜業をさせてはならない ※労基法41条による管理監督者については③のみ適用
	6	産前産後休業			①産前6週間(多胎妊娠の場合14週間)の女性が請求した場合就業させてはならない ②産後8週間就業させてはならない(医師が支障がないと認めた業務については6週間経過後は就業させることができる)
	7	(出産)特別休暇〈任意〉			妊娠出産期に取得できる特別休暇を任意に定めたもの
育児休業	8−1	育児休業対象者(原則)			1歳に満たない子と同居し、養育する従業員
	8−1	育児休業対象者(有期契約従業員の要件)			①入社1年以上 ②子が1歳6カ月(2歳)に達するまでに労働契約が満了し、更新されないことが明らかでない
	8−2	育児休業対象者(労使協定締結による除外)			労使協定で除外をする場合に規定(①〜③のいずれかの除外も可能) ①入社1年未満 ②1年以内に雇用関係終了が明らか ③1週間の所定労働日数が2日以下

	条文番号	チェック項目	YES	NO	ポイント
育児休業（続き）	8－3	1歳2カ月までの育児休業（パパ・ママ育休プラス）			配偶者が従業員と同日または先に育児休業している場合、産後休業期間と育児休業期間の合計1年間が限度
	8－4	1歳6カ月までの育児休業（延長）			従業員または配偶者が、原則として1歳の誕生日前日に育児休業中であり、（認可）保育所等に入所できない、または配偶者が死亡等の事由が必要。延長開始日は1歳の誕生日または1歳2カ月までの育児休業終了日
	8－5	2歳までの育児休業（延長）			従業員または配偶者が、原則として1歳6カ月の誕生日応当日の前日に育児休業中であり、（認可）保育所等に入所できない、または配偶者が死亡等の事由が必要。延長開始日は1歳6カ月の誕生日応当日に限る
	9－1	育児休業の申出の手続き			①原則　育児休業開始予定日　1カ月前 ②1歳6カ月・2歳までの延長　2週間前 ③出産予定日前出生等特別の事情　1週間前 ④休業中に労働契約が終了する場合、更新契約期間の初日を育児休業開始予定日として再度申出
	9－2	育児休業申出回数			①原則　1子につき1回限り ②例外 ・1歳6カ月までの延長・2歳までの延長等の申出をしようとする場合 ・配偶者の死亡等特別の事情がある場合 ※産後8週間以内の最初の育児休業は1回の申出にカウントしない
	10	育児休業の申出の撤回等			①原則　撤回できる（再度の申出はできない） ②例外　配偶者の死亡等特別の事情がある場合に限り再度の申出ができる ③休業開始予定日前日までに子を養育しないことになった場合は申出がなかったとみなす
	11－1	育児休業の期間等			①原則　子が1歳に達するまで ②子が1歳2カ月に達するまで（パパ・ママ育休プラス） ③子が1歳6カ月に達するまで（延長） ④子が2歳に達するまで（延長）
	11－2	開始予定日の指定			法に基づく会社による育児休業開始予定日の指定
	11－3	育児休業期間の変更			①育児休業開始予定日の繰り上げ（特別の事情必要）は1回可能 ②育児休業終了予定日の繰り下げ（事由不要）は延長期間も含め各期間1回可能

	条文番号	チェック項目	YES	NO	ポイント
	11−5	育児休業終了			子の死亡、育児休業期間終了、産前産後休業・介護休業または新たな育児休業の開始
	11−6	通知等			育児休業の申出等に対する育児休業取扱通知書等の交付
介護休業	12−1	介護休業対象者（原則）			要介護状態にある対象家族を介護する従業員
	12−1	介護休業対象者（有期契約従業員の要件）			①入社1年以上 ②介護休業開始予定日から93日経過した日から6カ月を経過する日までに労働契約が満了し、更新されないことが明らかでないこと
	12−2	介護休業対象者（労使協定締結による除外）			労使協定で除外をする場合に規定（①〜③のいずれかの除外も可能） ①入社1年未満 ②申出の日から93日以内に雇用関係が終了することが明らか ③1週間の所定労働日数が2日以下
	12−3	要介護状態にある対象家族			①配偶者 ②父母 ③子 ④配偶者の父母 ⑤祖父母、兄弟姉妹または孫
	13−1	介護休業の申出の手続き			①原則　介護休業開始予定日の2週間前 ②休業中に労働契約が終了する場合、更新契約期間の初日を介護休業開始予定日として再度申出
	13−2	介護休業申出回数			①原則　対象家族1人につき3回まで
	14	介護休業の申出の撤回			①原則　撤回できる ②同一対象家族について2回連続して申出を撤回した者については再度の申出はできない ③休業開始予定日前日までに家族を介護しないことになった場合、申出がなかったとみなす
	15−1	介護休業期間等			対象家族1人につき通算93日
	15−2	開始予定日の指定			法に基づく会社による介護休業開始予定日の指定
	15−3	介護休業期間の変更			介護休業終了予定日の繰り下げは93日の範囲内で1回可能 ※開始予定日の繰り上げは法の定めがないため、できないものとすることも可能
	15−5	介護休業終了			家族の死亡、介護休業期間終了、産前産後休業・育児休業または新たな介護休業の開始
	15−6	通知等			介護休業の申出等に対する介護休業取扱通知書等の交付

	条文番号	チェック項目	YES	NO	ポイント
子の看護休暇	16－1	対象者			小学校就学の始期に達するまでの子を養育する従業員
	16－1	労使協定による除外			①入社6カ月未満 ②1週間の所定労働日数が2日以下
	16－1	取得理由			①負傷または疾病にかかった子の世話 ②子に予防接種を受けさせること ③子に健康診断を受けさせること
	16－1	子の看護休暇日数			子が1人の場合1年間につき5日、2人以上の場合1年間につき10日 ※1年間の起算日を定めておく（例：4月1日）
	16－2	子の看護休暇単位			1日単位または半日単位 ※半日単位は原則として所定労働時間数の1／2（労使協定の定めにより1／2以外も可能） ※1日の所定労働時間が4時間以下である従業員は1日単位のみ
	16－4	給与等の取扱い			①給与 ②賞与 ③定期昇給 ④退職金の算定に当たっての取扱い
介護休暇	17－1	対象者			要介護状態にある対象家族の介護その他の世話をする従業員
	17－1	労使協定による除外			①入社6カ月未満 ②1週間の所定労働日数が2日以下
	17－1	取得理由			①対象家族の介護 ②対象家族の通院等の付添い ②対象家族が介護サービスの提供を受けるために必要な手続きの代行 ③その他の対象家族に必要な世話
	17－1	介護休暇日数			対象家族が1人の場合1年間につき5日、2人以上の場合1年間につき10日 ※1年間の起算日を定めておく（例4月1日）
	17－2	介護休暇単位			1日単位または半日単位 ※半日単位は原則として所定労働時間数の1／2（労使協定の定めにより1／2以外も可能） ※1日の所定労働時間が4時間以下である従業員は1日単位のみ
	17－4	給与等の取扱い			①給与 ②賞与 ③定期昇給 ④退職金の算定に当たっての取扱い
育児目的休暇	18	育児目的休暇〈努力義務〉			小学校就学の始期に達するまでの子を養育する従業員について年次有給休暇とは別に育児目的休暇を設ける場合に規定（努力義務）

	条文番号	チェック項目	YES	NO	ポイント
所定外労働の制限	19－1	対象者			3歳に満たない子を養育する従業員または要介護状態にある対象家族を介護する従業員
	19－1	適用除外			事業の正常な運営に支障がある場合を除く
	19－2	労使協定による除外			①入社1年未満 ②1週間の所定労働日数が2日以下
	19－3	制限期間と申出			1回につき、1カ月以上1年以内の期間を1カ月前までに申し出る
	19－7	制限期間の終了日			①子または家族の死亡等、制限に係る子を養育または家族を介護しない事由が発生した日 ②子が3歳に達した日 ③申出者が、産前産後休業、育児休業または介護休業を開始する日の前日
時間外労働の制限	20－1	対象者			小学校就学に達するまでの子を養育する従業員または要介護状態にある対象家族を介護する従業員
	20－1	制限される時間			1カ月について24時間、1年について150時間を超えて時間外労働をさせない
	20－1	適用除外			事業の正常な運営に支障がある場合を除く
	20－2	拒むことができる従業員			①日雇い ②入社1年未満 ③1週間の所定労働日数が2日以下
	20－3	制限期間と申出			1回につき、1カ月以上1年以内の期間を1カ月前までに申し出る
	20－7	制限期間の終了日			①子または家族の死亡等、制限に係る子を養育または家族を介護しない事由が発生した日 ②子が6歳に達する日の属する年度の3月31日 ③申出者が、産前産後休業、育児休業または介護休業を開始する日の前日
深夜業の制限	21－1	対象者			小学校就学に達するまでの子を養育する従業員または要介護状態にある対象家族を介護する従業員
	21－1	制限される時間			午後10時から午前5時まで
	21－1	適用除外			事業の正常な運営に支障がある場合を除く

第4章 モデル規程・労使協定例に基づくチェックリストおよび育児・介護の制度に関する手続きチェックシート 229

	条文番号	チェック項目	YES	NO	ポイント
深夜業の制限（続き）	21-2	拒むことができる従業員			①日雇い ②入社1年未満 ③16歳以上の同居の家族が以下のいずれにも該当する従業員 　イ 深夜において就業していない者（1カ月につき深夜就業が3日以下の者を含む） 　ロ 心身の状況が子の保育または家族の介護をすることができる者 　ハ 6週間（多胎妊娠は14週間）以内に出産予定でなく、かつ産後8週間以内でない者 ④1週間の所定労働日数が2日以下 ⑤所定労働時間の全部が深夜
	21-3	制限期間と申出			1回につき、1カ月以上6カ月以内の期間を1カ月前までに申し出る
	21-7	制限期間の終了日			①子または家族の死亡等、制限に係る子を養育または家族を介護しない事由が発生した日 ②子が6歳に達する日の属する年度の3月31日 ③申出者が、産前産後休業、育児休業または介護休業を開始する日の前日
育児時間	22-1	対象者			1歳に満たない子を育てる女性が請求した場合付与
	22-1	付与方法			①休憩時間のほか1日2回少なくとも各30分 ②労働時間の途中でなくてもよい（労働時間の前後でもよい）
	22-2	給与の取扱い			無給（任意に有給としてもよい）
育児短時間勤務	23-1	対象者			3歳に満たない子を養育する従業員
	23-1	短時間勤務の時間数			短時間勤務（6時間）の始業・終業時刻
	23-2	拒むことができる従業員			①日雇い ②1日の所定労働時間が6時間以下の従業員
	23-2	労使協定による除外			①入社1年未満 ②1週間の所定労働日数が2日以下
	23-3	制限期間と申出〈任意〉			1回につき、1カ月以上1年以内の期間を1カ月前までに申し出る
	23-4	給与等の取扱い			給与の算定に当たっての取扱い（以下いずれかを定める） 　イ 勤務時間に応じて案分支給 　ロ 通常勤務をしたものとみなす（減額なし） 　ハ その他の取扱い

	条文番号	チェック項目	YES	NO	ポイント
介護短時間勤務	23－5	賞与の取扱い			賞与の算定に当たっての取扱い（以下いずれかを定める） イ 短縮した時間に対応する賞与は支給しない ロ 通常勤務をしたものとみなす（減額なし） ハ その他の取扱い
	23－6	定期昇給・退職金			短時間勤務期間中の定期昇給・退職金の取扱いを定める 原則として通常勤務したものとみなす
	24－1	対象者			要介護状態にある対象家族を介護する従業員
	24－1	期間・回数			家族1人当たり利用開始の日から3年間以上のうち2回以上を設定 ※3年間に2回まででよい
	24－1	短時間勤務の時間数			短時間勤務の始業・終業時刻 ※育児と異なり、必ず6時間とする必要はない
	24－2	拒むことができる従業員			日雇い
	24－2	労使協定による除外			①入社1年未満 ②1週間の所定労働日数が2日以下
	24－3	制限期間と申出〈任意〉			1回につき、1カ月以上1年以内の期間を1カ月前までに申し出る
	24－4	給与等の取扱い			給与および退職金の算定に当たっての取扱い（以下いずれかを定める） イ 勤務時間に応じて案分支給 ロ 通常勤務をしたものとみなす（減額なし） ハ その他の取扱い ※給与については手当も案分負担するか否か等定める
	24－5	賞与の取扱い			賞与の算定に当たっての取扱い（以下いずれかを定める） イ 短縮した時間に対応する賞与は支給しない ロ 通常勤務をしたものとみなす（減額なし） ハ その他の取扱い
その他雑則	25	年次有給休暇に関する事項			年次有給休暇の出勤率の算定に当たっては、産前産後休業、育児・介護休業取得日を出勤したものとみなす

	条文番号	チェック項目	YES	NO	ポイント
その他雑則（続き）	26	給与等の取扱い			①育児・介護休業期間中の給与の支給の有無（不就労分無給で可） ②育児・介護休業期間中の賞与の支給の有無（不就労分無給で可） ※休業期間を超えて支給しない場合は不利益取扱いとして法律違反となる ③育児・介護休業期間中の定期昇給の取扱い ④育児・介護休業期間中の退職金の算定の取扱い（不就労分無給で可）
	27	介護休業期間中の社会保険料			介護休業期間中の社会保険料の被保険者負担分の取扱い
	28	円滑な取得および職場復帰支援			①対象となる従業員へ、個別に育児休業等の制度を周知 ②職場復帰時に必要な支援をし、援助計画を作成・提示
	29	復職後の勤務			原則として休業直前の部署に復帰するか、本人の希望を申し出ることが可能か否か ※職場復帰した場合に、部署および職務の変更を行う場合があればその旨規定する
ハラスメント防止	30	禁止行為			育児・介護に関する制度等の利用等に関する職場内における禁止行為 ①部下の解雇等不利益な取扱いを示唆する言動 ②部下または同僚の制度や措置の利用を阻害する言動 ③部下または同僚が制度や措置の利用をしたことによる嫌がらせ等 ④部下が上記①〜③の行為を受けているのに上司が黙認する行為
	31	懲戒			上記禁止行為に対する懲戒規定を軽重の区分により定める
	32	相談および苦情への対応			①育児・介護休業等に関するハラスメントの相談・苦情処理の相談窓口の設置 ②育児・介護休業等に関する就業環境を害する言動に関する相談・苦情申出の受付 ③相談窓口担当者の事実確認および報告。必要に応じて事実関係の聴取 ④関係者のプライバシー保護と不利益取扱いを行わない旨を明記
	33	再発防止義務			ハラスメント事案が生じたときの周知の再徹底・研修の実施・原因分析と再発防止策を講じる

	条文番号	チェック項目	YES	NO	ポイント
附則等	34	法令との関係			本規程に定めがない場合、育介法その他の法令の定めるところによる
	附則	施行（改定）年月日			施行（改定施行）年月日

【労使協定による適用除外チェックリスト】

◎「条文番号」は第5章の労使協定例（P.295）と対応しています

条文番号	チェック項目	YES	NO	ポイント
1	育児休業			①引き続き雇用された期間が1年に満たない労働者 ②育児休業申出があった日から起算して1年（延長申出については子が1歳6カ月または2歳）以内に雇用関係が終了することが明らかな労働者 ③1週間の所定労働日数が2日以下の労働者
2	介護休業			①引き続き雇用された期間が1年に満たない労働者 ②介護休業申出があった日から起算して93日以内に雇用関係が終了することが明らかな労働者 ③1週間の所定労働日数が2日以下の労働者
4	子の看護休暇			①引き続き雇用された期間が6カ月に満たない労働者 ②1週間の所定労働日数が2日以下の労働者 ③業務の性質もしくは業務の実施体制に照らして、半日単位で休暇を取得することが困難と認められる業務に従事する労働者（1日未満の単位で取得しようとする者に限る）
5	介護休暇			①引き続き雇用された期間が6カ月に満たない労働者 ②1週間の所定労働日数が2日以下の労働者 ③業務の性質もしくは業務の実施体制に照らして、半日単位で休暇を取得することが困難と認められる業務に従事する労働者（1日未満の単位で取得しようとする者に限る）
6	育児・介護のための所定外労働の制限			①引き続き雇用された期間が1年に満たない労働者 ②1週間の所定労働日数が2日以下の労働者
7	育児短時間勤務			①引き続き雇用された期間が1年に満たない労働者 ②1週間の所定労働日数が2日以下の労働者
8	介護短時間勤務			①引き続き雇用された期間が1年に満たない労働者 ②1週間の所定労働日数が2日以下の労働者

育児・介護の制度に関する手続きチェックシート

　本書では、主にモデル規程を中心に解説していますが、企業の実務担当者にとっては、育児休業・介護休業等の制度利用に伴う健保法、厚年法、雇保法、その他給与計算等の手続きも非常に重要です。

　ここでは、従業員が育児休業・介護休業等の制度を利用する際に必要となるさまざまな事前準備、社内手続き、社会保険・労働保険関係の手続き等について、チェックシートとして整理しましたので、実務に当たっての参考としてご活用ください。

育 児 関 連

1. 妊娠報告前および妊娠報告時の面談までのチェックシート

[1] 事前準備チェックシート（妊娠報告前）

要否	未／済	確認事項等	項目	適用時期	内容
		準備しておく事項	育児休業の申出および事業主からの通知書式の準備	事前	育児休業申出がされたときの通知書式の事項（通知は書面、労働者が希望する場合にはファックスまたは電子メールも可能）。以下の内容で申出書を兼ねることも可能 ①育児休業申出を受けた旨 ②育児休業開始予定日（事業主の指定する日を含む）および育児休業終了予定日 ③育児休業申出を拒む場合には、その旨およびその理由
			育児休業関係の措置の社内周知の実施		就業規則、育児休業規程等の社内周知の方法を検討
			育児休業関係の個別説明資料の準備		労働者または労働者の配偶者の妊娠・出産等を知った際の、個別説明用の資料を以下の内容について準備（「面談コミュニケーションシート」等を作成して盛り込むことも可） ①労働者の育児休業中における待遇に関する事項 ②育児休業後における賃金、配置その他の労働条件に関する事項 ③育児休業期間中に子を養育しなくなった等により育児休業期間が終了した労働者の労務の提供の開始時期に関する事項
			育児休業期間中の定期連絡の準備		産休中および育休中に、定期的に連絡する情報を確定しておく

[2] 妊娠報告時チェックシート（妊娠報告時）

要否	未／済	確認事項等	項目	適用時期	内容
		妊娠報告	妊娠報告時の面談の実施	妊娠等	①妊娠から育児休業復帰までの今後のスケジュール ②妊娠から小学校就学始期まで適用できる制度と各種給付手続きについて ③体調面の確認（配慮すること、医師や助産師からの指導事項の有無）
			母子保健法による保健指導・健康診査の実施	妊娠等	①女性従業員が請求できる健康診査等の内容説明 ②所属部署に対する健康診査等の内容説明
			所属部署との調整、代替要員の確保	妊娠等	①妊娠中、産前・産後および育児休業期間中の要員補充の必要性の確認 ②異動、出向受け入れおよび派遣労働者の確保

2. 産前休業期間前から産前休業期間までのチェックシート

要否	未／済	状況	手続き／提出時期	項目	手続き事項・提出書類（『 』は社内書式）・添付書類・ポイント	提出先
		産前産後休業前（～予定日前42日）	産前休業開始前に適宜	手続きリストの配布	【提出書類】『出産育児に関する手続きフロー』（提出書類リスト） 【ポイント】出産育児制度の概要説明、提出書類の送付時期・注意点等を中心に説明する	本人
			※出産予定日の2カ月前から出産日まで	出産育児一時金の受取方法を事前に確認 ※出産育児一時金の申請（受取代理制度利用時）	【提出書類】「出産育児一時金等支給申請書（受取代理用）」（添付書類なし） 【ポイント】受取代理制度を利用する場合は、提出書類を出産予定日の2カ月前から出産日までに協会けんぽまたは健保組合に提出しておく必要がある	協会けんぽ・健保組合
			産前休業開始直前（法規定なし）	休業開始前に法定休業期間および任意休暇の取得有無を確認	【提出書類】『産前・産後休業届』（産休前）	人事部
			※出生後	※出生後の産後休業確定時	【提出書類】『産前・産後休業届』（出生後、産後休業期間確定時） 【ポイント】任意休暇取得の有無を同時に確認すること。予定日どおりの出産だった場合は、出生後の『産前・産後休業届』の提出は不要	人事部
			月次給与の調整が必要となる月の給与計算時	休業中無給になる場合の給与関係事務	【ポイント】支給・控除項目ごとに調整する内容を整理しておくこと。就業規則を確認し、調整方法に齟齬がないかを事前確認すること	

要否	未/済	状況	手続き/提出時期	項目	手続き事項・提出書類(『　』は社内書式)・添付書類・ポイント	提出先
				①支給項目	【手続き事項】基本給、各種手当の支給を停止する（案分計算支給）。交通費精算、遡及支給項目の確認	人事部
				②控除項目	【手続き事項】社会保険料の控除停止。持株会・財形貯蓄・団体生命保険等の控除停止	持株会／金融機関等
			異動が発生した月の翌月10日まで	※住民税を普通徴収に切り替える場合	【提出書類】「給与支払報告・特別徴収に係る給与所得者異動届出書」	市区町村
				※育休中における住民税徴収猶予を申出する場合	【手続き事項】制度利用時は、本人より市区町村へ制度適用の可否・申出方法・延滞金の確認を行うよう案内	市区町村
		産前休業開始（予定日前42日〜）	産前産後休業期間中	産休中の社会保険料の免除（出産前提出の場合）	【提出書類】「健康保険・厚生年金保険産前産後休業取得者申出書」	日本年金機構／健保組合

3. 出産から産後休業期間までのチェックシート

要否	未/済	状況	手続き/ 提出時期	項目	手続き事項・ 提出書類(『　』は社内書式)・ 添付書類・ポイント	提出先
		出生後（出 生日〜）	出生後速や かに	出生の届出	【提出書類】『出生届』 【ポイント】子の氏名だけ でなくフリガナも確認が 必要（「産前産後休業取得 者申出書」の記載事項の ため）	人事部
			出生後速や かに		【添付書類】「出生証明書コ ピー（母子健康手帳出生 届提出済証明欄コピー）」 【ポイント】出産の事実・ 出生日の確認のため、ま た、育児休業給付金申請 の添付書類として使用す るため提出してもらうと 手続きがスムーズ	人事部
			出生後速や かに	出生児を扶養家 族とする場合 社内の家族手当 の対象となると き	【提出書類】『扶養親族届』 家族手当の登録（休業中 無給の場合は復職後）	人事部
			出生日直後 の給与支払 日まで	税法上の扶養親 族とする場合	【提出書類】「給与所得者の扶 養控除等（異動）申告書」 住民税に関する事項欄	人事部
			出生後すぐ （法律上は 5日以内）	健康保険の被扶 養者とする場合	【提出書類】「健康保険被扶 養者（異動）届」 【ポイント】出産前（休業 前）に扶養にする予定を 確認しておき、事前に届 出用紙を渡しておくとよ い。夫婦共働きの場合は、 原則収入の多いほうの扶 養にする 【添付書類】保険者（協会 けんぽ・健保組合）によっ て異なるため事前に確認 すること 〈例〉配偶者の源泉徴収票 （夫婦共働きでその配偶者 が被扶養者になっていな い場合）	人事部

第4章　モデル規程・労使協定例に基づくチェックリストおよび育児・介護の制度に関する手続きチェックシート　239

要否	未/済	状況	手続き/提出時期	項目	手続き事項・提出書類(『 』は社内書式)・添付書類・ポイント	提出先
			出生後(出産育児一時金の申請の時効は出産日の翌日から2年)	出産育児一時金の申請(直接支払制度利用で差額がある場合)	出産育児一時金受給方法(□直接支払 □事後申請)【提出書類】「健康保険出産育児一時金内払金支払依頼書・差額申請書」【ポイント】全国健康保険協会など出産育児一時金に付加金がない場合に直接支払制度を利用し、出産費用が一時金の額を超えている場合は、健康保険組合への申請書の届出は不要	協会けんぽ・健保組合
			出生後	(直接支払制度利用せず事後申請をする場合)	【提出書類】「健康保険出産育児一時金支給申請書」【ポイント】申請書の証明欄に「医師・助産師の証明」または「市区町村長の証明」が必要(原則)	協会けんぽ・健保組合
			出生後	(付加金のある健保組合の場合)	【提出書類】「出産育児一時金・付加金申請書」【ポイント】出産費用が出産育児一時金の額を超えていても、健保組合独自の付加金については充当されないため、別途健保組合への申請が必要(差額がある場合は差額と付加金を併せて申請する)	健保組合

【添付書類】
出産費用の領収・明細書のコピー/医療機関と締結する直接支払制度利用に関する文書のコピーなど。直接支払制度の利用の有無、直接支払制度利用の場合でも申請時期がいつか、また保険者によって添付書類が異なる場合があるので、事前に確認しておくこと

要否	未/済	状況	手続き/提出時期	項目	手続き事項・提出書類(『 』は社内書式)・添付書類・ポイント	提出先
		産後休業期間（～出生日後56日）		出生日により産後休業期間が確定 ※産前休業開始日の変更の有無確認	勤怠の確認（産休免除申出用・出産手当金請求用休業期間確認） →産休免除期間変更による給与計算への影響確認 【ポイント】出産予定日「前」の出産の場合、本人の勤怠（労務に服していないこと）と日付によっては産前休業開始日が月をまたぐことになる。予定日を基準に給与計算において出産前から社会保険料の免除を行っている場合、産休免除の月が増えると社会保険料の返金処理が発生する	
			産前産後休業期間中	産休中の社会保険料の免除（出生後提出の場合）	【提出書類】「健康保険・厚生年金保険産前産後休業取得者申出書」 【ポイント】必ず産休の期間内に提出すること（遅れると免除が受けられなくなるので注意）	日本年金機構／協会けんぽ・健保組合
			産後休業期間中	（出生後変更の場合）	【提出書類】「健康保険・厚生年金保険産前産後休業取得者変更（終了）届」 【ポイント】出産前に申出書を提出している場合は、出産予定日どおりの出産以外は必ず提出が必要	日本年金機構／協会けんぽ・健保組合

要否	未/済	状況	手続き/提出時期	項目	手続き事項・提出書類(『　』は社内書式)・添付書類・ポイント	提出先
			産後休業後(産前・産後と申請を分けるケースあり/出産手当金の申請の時効は「労務に服さなかった日ごとに」2年間：1日単位で時効消滅する)	出産手当金の申請	【提出書類】「健康保険出産手当金支給申請書」 医師・助産師記入欄に証明を受け、勤務状況および賃金支払状況を会社が記入(証明)し、協会けんぽまたは健保組合に提出する 【ポイント】 ・出産予定日「前」の出産の場合は、申請期間の開始日に変更がないか確認する ・産休中に給与が全部または一部支給されている場合は、出産手当金の額より多いと支給されず、差額がある場合は差額が支給される ・休業の日ごとに賃金の支給を確認するため、月の途中からの休業で通勤手当を日割控除していない場合、年4回以上賞与が支給される会社で産休期間中を支給対象期間とした賞与が支払われる場合などはその日割相当額が減額控除されることになる 【添付書類】賃金台帳/出勤簿またはタイムカード等の写し	協会けんぽ・健保組合

4. 育児休業の取得開始から取得期間中のチェックシート

要否	未／済	状況	手続き／提出時期	項目	手続き事項・提出書類（『　』は社内書式）・添付書類・ポイント	提出先
		育児休業前	育休開始1カ月（2週間・1週間）前までに	育児休業取得の申出（本人→会社）	【提出書類】『育児休業申出書』 【ポイント】社内への育児休業の申出時期に注意 ①原則⇒1カ月前 ②保育所に空きがない等の場合（1歳6カ月・2歳）までの延長⇒2週間前 ③特別の事情⇒1週間前 ※申出が遅れた場合は、休業開始予定日の指定が可能	人事部
			速やかに	育児休業取得の通知（会社→本人）	【提出書類】『育児休業取扱通知書』 【ポイント】育児休業取扱通知書の交付は複数回必要の場合あり。開始予定日・終了予定日の変更の申出、申出の撤回の際にも交付必要	本人
			速やかに	育児休業申請後に子が生まれたとき	【提出書類】『育児休業等対象児出生届』	人事部
			育児休業開始予定日の前日までに	育児休業の申出を撤回するとき	【提出書類】『育児休業申出撤回届』 【ポイント】申出を撤回した場合の再度申出は理由が必要 ①1歳から1歳6カ月・1歳6カ月から2歳の育児休業にかかわる申出をする場合 ②特別の事情がある場合	人事部

要否	未/済	状況	手続き/ 提出時期	項目	手続き事項・ 提出書類（『 』は社内書式）・ 添付書類・ポイント	提出先
			育児休業開始予定日の前日までに	育児休業開始予定日の繰り上げ	【提出書類】『育児休業期間変更申出書』 【ポイント】繰り上げ・繰り下げの整理 ①開始繰り上げ⇒1回限り可（一定の事由） ②終了繰り下げ⇒1回限り可（事由を問わず可能、1歳6カ月または2歳までの延長時については、それぞれ1回可能） ③開始繰り下げ・終了繰り上げ⇒法律上の義務なし	人事部
			1歳までの育児休業終了予定日の1カ月前までに	育児休業終了予定日の繰り下げ		
		育児休業期間中（出生日後57日～）	育児休業期間中	育児休業中の社会保険料の免除	【提出書類】「健康保険・厚生年金保険育児休業等取得者申出書」 【ポイント】免除の申出は以下に従い数回に分けて行う必要がある ①1歳未満の子を養育するための育児休業 ②子が1歳に達したとき、保育所に空きがない等の一定の事由により引き続き1歳6カ月、さらに2歳に達するまでの子を養育するための育児休業 ③1歳（②の場合は1歳6カ月・2歳）から3歳に達するまでの子を養育するための育児休業 ※1歳までの育児休業とそれ以降の育児休業は別になるため、あらかじめ1歳以降の育児休業を取得する場合であっても、必ず1歳までの申出書を出すことになる。例えば、最初から3歳までの育児休業を申し出ていても2回に分けて申出書を出す必要がある（①＋③）。1	日本年金機構／協会けんぽ・健保組合

要否	未/済	状況	手続き/提出時期	項目	手続き事項・提出書類(『 』は社内書式)・添付書類・ポイント	提出先
					歳までの育児休業後、法に従い1歳6カ月、さらに2歳までの育児休業を取得し、その後に3歳までの育児休業を取得する場合は合計4回提出（①＋②［2回］＋③）	
			育児休業開始日から起算して4カ月を経過する日の属する月の末日まで	（初回）育児休業給付金の申請	【提出書類】「雇用保険被保険者休業開始時賃金月額証明書」「育児休業給付受給資格確認票・（初回）育児休業給付金支給申請書」 【添付書類】母子手帳と預金通帳のコピー（※1）、賃金台帳・出勤簿・証明書（※2）、育児休業申出書（※3） ※1⇒金融機関の確認印があれば不要 ※2⇒育児休業期間中に賃金台帳・出勤簿を作成しない場合は証明書でも可 ※3⇒父親の申請や産後休業に引き続かない母親の申請時に必要 【ポイント】申請期限について 以前は（初回）（2回目以降）の申請について、申請期限内に手続きを必ず行う必要があったが、現在は時効消滅しない期間内なら手続きは可能	ハローワーク

要否	未/済	状況	手続き/提出時期	項目	手続き事項・提出書類(『 』は社内書式)・添付書類・ポイント	提出先
			支給単位期間の初日から起算して4カ月を経過する日の属する月の末日まで	（2回目以降）育児休業給付金の申請	【提出書類】「育児休業給付金支給申請書」 【添付書類】賃金台帳・出勤簿・証明書（賃金台帳・出勤簿がない場合） 【ポイント】支給申請の間隔について 育児休業給付の申請について、以前は2カ月に1回の申請になっていたが、現在は1カ月ごとの申請が可能	
		育児休業延長時（1歳到達〜）（1歳6カ月到達〜）	延長開始2週間前までに	育児休業延長の申出	【提出書類】『育児休業申出書』『育児休業期間変更申出書』	人事部
			育児休業延長期間中	育児休業中の社会保険料の免除の延長	【提出書類】「健康保険・厚生年金保険育児休業等取得者申出書（延長）」 【ポイント】延長の申出書を提出する時期について 延長の期間が短くても延長の期間内に提出する必要がある。そのため手続き管理に注意が必要	日本年金機構／協会けんぽ・健保組合

要否	未/済	状況	手続き/提出時期	項目	手続き事項・提出書類(『 』は社内書式)・添付書類・ポイント	提出先
			延長する期間の直前の支給対象期間(1歳または1歳6カ月到達日以降の申請時に限る)か1歳または1歳6カ月到達日を含む延長後の支給対象期間の申請時	育児休業給付金支給申請(延長)(1歳または1歳6カ月時点で保育所に入れない場合等)	【提出書類】「育児休業給付金支給申請書」延長欄記入 【添付書類】 保育所入所申込書コピー・市区町村発行入所保留通知書 【ポイント】 保育所申込みのタイミングについて 延長の申請を行う場合、保育所への入所希望日は、それぞれ子の1歳の誕生日以前・子の1歳6カ月到達日の翌日以前となっていることが必要。市区町村によっては、入所希望日を毎月1日に限定していたり、設けていない月がある場合があるため、事前に確認しておく必要がある	ハローワーク

5. 育児休業復職後のチェックシート

要否	未/済	状況	手続き/ 提出時期	項目	手続き事項・ 提出書類(『 』は社内書式)・ 添付書類・ポイント	提出先
		復職後	会社所定の 時期までに	（1）復職の申請	【提出書類】『復職願（届）』	人事部
			異動が発生 した月の翌 月10日まで	給与支給再開に 伴う給与関係事 務 住民税を特別徴 収に切り替える 場合	【提出書類】「普通徴収から 特別徴収への切替申請書」 （当年の課税額がない場合 は不要）	市区町 村
				・その他給与か らの控除関係 再開手続き ・年次有給休暇 付与日数の確 認	持株会、財形貯蓄、給与控 除生命保険料等の確認	持株会 ／金融 機関等
				（2）復職による 社会保険料免 除の終了		
			復職後	産後休業からの 復職	【提出書類】「健康保険・厚 生年金保険産前産後休業 取得者変更（終了）届」	日本年 金機構 ／協会 けんぽ・ 健保組 合
			復職後	育児休業からの 復職	【提出書類】「健康保険・厚 生年金保険育児休業等取 得者終了届」 【ポイント】休業終了予定 日より前に復職する場合 の届出。当初の予定どお りに終了する場合は届出 不要	日本年 金機構 ／協会 けんぽ・ 健保組 合
				（3）休業終了時 の標準報酬月 額改定の申出		
			復職後3カ 月分の報酬 平均額確認 後	産後休業からの 復職	【提出書類】「健康保険・厚 生年金保険産前産後休業 終了時報酬月額変更届」	日本年 金機構 ／協会 けんぽ・ 健保組 合

要否	未/済	状況	手続き／提出時期	項目	手続き事項・提出書類(『 』は社内書式)・添付書類・ポイント	提出先
			復職後3カ月分の報酬平均額確認後	育児休業からの復職	【提出書類】「健康保険・厚生年金保険育児休業等終了時報酬月額変更届」 【ポイント①】男性被保険者が1カ月未満の短い育休を取得した場合でも提出可能 【ポイント②】育児休業終了日の翌日が属する月以後3カ月間の報酬月額の平均によって算定。 ・一般被保険者 　⇒支払基礎日数17日以上の月 ・特定適用事業所の短時間労働者 　⇒支払基礎日数11日以上の月 ・短時間就労者(パート) 　⇒3カ月のいずれも17日未満の場合は、15日以上17日未満の月	日本年金機構／協会けんぽ・健保組合
			3歳未満の子を養育し始めたとき(復職後)	(4) 養育期間(3歳まで)の標準報酬月額の特例措置	【提出書類】「厚生年金保険養育期間標準報酬月額特例申出書」 【添付書類】 ①「戸籍謄(抄)本または戸籍記載事項証明書」 ②「住民票」 　※提出日から90日以内に発行されたもの 　※育児休業終了後に転居している場合は、原則として、育児休業終了当時の居住地の住民票(除票)を取得することが必要	日本年金機構

要否	未/済	状況	手続き/提出時期	項目	手続き事項・提出書類（『　』は社内書式）・添付書類・ポイント	提出先
				（5）復職による育児休業給付金の最終申請		
			支給単位期間の末日から2カ月を経過する日の属する月の末日まで	育児休業からの復職	【提出書類】「雇用保険・育児休業給付金支給申請書」（最終申請） 【添付書類】復職月の勤怠 【ポイント】支給単位期間の途中で復職する場合、休業終了日が支給単位期間の末日と同じ日であっても記入を行う	ハローワーク

介 護 関 連

1. 介護休業前の面談までのチェックシート

要否	未/済	確認事項等	項目	適用時期	内容
		準備しておく事項	介護休業の申出および事業主からの通知書式の準備	事前	介護休業申出がされたときの通知書式の事項（通知は書面、労働者が希望する場合にはファックスまたは電子メールも可能）。以下の内容で申出書を兼ねることも可能 ①介護休業申出を受けた旨 ②介護休業開始予定日（事業主の指定する日を含む）および介護休業終了予定日 ③介護休業申出を拒む場合には、その旨およびその理由
			介護休業関係の措置の社内周知の実施		就業規則、介護休業規程等の社内周知の方法を検討
			介護休業関係の個別説明資料の準備		労働者から介護制度の相談を受けた際の、個別説明用の資料を以下の内容について準備（「面談コミュニケーションシート」等を作成して盛り込むことも可） ①労働者の介護休業中における待遇に関する事項 ②介護休業後における賃金、配置その他の労働条件に関する事項 ③介護休業期間中に対象家族を介護しなくなった等により介護休業期間が終了した労働者の労務の提供の開始時期に関する事項
			介護休業期間中の定期連絡の準備		介護休業期間中に、定期的に連絡する情報を確定しておく
			介護休業期間中の社会保険料の徴収方法の確認		介護休業期間中の社会保険料の徴収方法についてあらかじめ確定しておく

2. 介護休業前のチェックシート

要否	未/済	状況	手続き/ 提出時期	項目	手続き事項・ 提出書類（『 』は社内書式）・ 添付書類・ポイント	提出先
		介護休業前 （介護休業 申出前）	介護休業申 出前に適宜	手続きリストの 配布	【提出書類】『介護休業に関 する手続きフロー』（提出 書類リスト） 【ポイント】社内介護休業 制度および介護休業給付 金の概要説明、提出書類 の送付時期・注意点等を 中心に説明する	本人
			月次給与の 調整が必要 となる月の 給与計算時	休業中無給にな る場合の給与関 係事務	【ポイント】支給・控除項 目ごとに調整する内容を 整理しておくこと。就業 規則を確認し、調整方法 に齟齬がないかを事前確 認すること	
				①支給項目	【手続き事項】基本給、各種 手当の支給を停止する（案 分計算支給）。交通費精算、 遡及支給項目の確認	人事部
				②控除項目	【手続き事項】持株会・財 形貯蓄・団体生命保険等 の控除停止	持株会 ／金融 機関等
				③社会保険料の 控除方法確認	【手続き事項】本人からの社 会保険料徴収方法の確認	本人
			異動が発生 した月の翌 月10日まで	※住民税を普通 徴収に切り替 える場合	【提出書類】「給与支払報告・ 特別徴収に係る給与所得 者異動届出書」	市区町 村
				※介護休業中に おける住民税 徴収猶予を申 出する場合	【手続き事項】制度利用時 は、本人より市区町村へ 制度適用の可否・申出方 法・延滞金の確認を行う よう案内	市区町 村

3. 介護休業開始から終了までのチェックシート

要否	未／済	状況	手続き／提出時期	項目	手続き事項・提出書類(『 』は社内書式)・添付書類・ポイント	提出先
		介護休業前	介護休業開始2週間前までに	介護休業取得時	【提出書類】『介護休業申出書』	人事部
			速やかに	介護休業取得時	【提出書類】『介護休業取扱通知書』 【ポイント】介護休業取扱通知書は、取得申出の都度交付することが必要。終了予定日の変更の申出、申出の撤回の際にも交付が必要	本人
			介護休業開始予定日の前日までに	介護休業の申出を撤回するとき	【提出書類】『介護休業申出撤回届』 【ポイント】撤回回数と再申出が拒める場合に注意 ①介護休業は通算93日の範囲内で3回可能なため、申出ごとに撤回可能 ②同一対象家族について、2回連続で撤回した場合は、その後の申出を拒める	人事部
			介護休業終了予定日の2週間前までに	介護休業終了予定日の繰り上げ・繰り下げ	【提出書類】『介護休業期間変更申出書』 【ポイント】繰り上げ・繰り下げの整理 ①開始繰り上げ・繰り下げ ⇒法律上の義務なし ②終了繰り上げ ⇒法律上の義務なし ③終了繰り下げ ⇒介護休業ごとに1回限り可能	人事部

要否	未/済	状況	手続き/提出時期	項目	手続き事項・提出書類（『 』は社内書式）・添付書類・ポイント	提出先
		介護休業終了時	介護休業終了日（介護休業期間が3カ月以上にわたるときは、介護休業開始日から3カ月を経過した日）の翌日から起算して2カ月を経過する日の属する月の末日まで	介護休業給付金の申請	【提出書類】「雇用保険被保険者休業開始時賃金月額証明書」「介護休業給付金支給申請書」 【添付書類】住民票記載事項証明書等、預金通帳コピー（※1）、賃金台帳・出勤簿・証明書（※2）、介護休業申出書 ※1⇒金融機関の確認印があれば不要 ※2⇒介護休業期間中に賃金台帳・出勤簿を作成しない場合は証明書でも可 【ポイント】申請期限について 以前は申請について、申請期限内に手続きを必ず行う必要があったが、現在は時効消滅しない期間内なら手続きは可能	ハローワーク

4. 介護休業復職後

要否	未/済	状況	手続き/提出時期	項目	手続き事項・提出書類(『 』は社内書式)・添付書類・ポイント	提出先
		復職後	会社所定の時期までに	復職の申請	【提出書類】『復職願(届)』	人事部
			異動が発生した月の翌月10日まで	給与支給再開に伴う給与関係事務 住民税を特別徴収に切り替える場合	【提出書類】「普通徴収から特別徴収への切替申請書」(当年の課税額がない場合は不要)	市区町村
				・その他給与からの控除関係再開手続き ・年次有給休暇付与日数の確認	持株会、財形貯蓄、給与控除生命保険料等の確認	持株会／金融機関等

第4章　モデル規程・労使協定例に基づくチェックリストおよび育児・介護の制度に関する手続きチェックシート　255

第 5 章

巻末資料

　本章では、巻末資料として、①第 2 章で解説したモデル規程の全文（解説を省き条文のみを示したもの）、②育児・介護に関する制度の社内手続きのための様式例、③制度の適用除外等を定める労使協定例を紹介します。本資料は、厚生労働省が公表しているパンフレット『育児・介護休業法のあらまし』で紹介されている規程・協定例を基に、第 2 章で紹介したモデル規程の内容に合わせて一部編集して示したものです（各様式の番号は、モデル規程の社内様式番号と対応しています）。

　加えて、第 2 章モデル規程の逐条解説で触れた、「妊産婦等の就業制限の業務の範囲」（P.32 参照）、医療機関等から事業主に対して示される「母性健康管理指導事項連絡カード」（P.39 参照）、育介則別表で定められている「常時介護を必要とする状態に関する判断基準」（P.94 参照）を紹介しますので、それぞれ解説本文と併せてご覧ください。

1．モデル規定［子育て・介護関連規程］

第1章　出産前から産前産後休業

（目的）
第1条
　この規程は就業規則と相まって、当社で就労する従業員が安心して出産・育児または介護と仕事を両立することができるように、子育て、介護に関連する各種制度を規定したものである。

（妊産婦の就業制限および妊娠中の軽易な業務への転換）
第2条
1．妊娠中および産後1年を経過しない女性従業員には、重量物を取り扱う業務、有害ガスを発散する場所における業務その他妊産婦の妊娠、出産、哺育等に有害な一定の業務を命じない。
2．妊娠中の女性従業員が請求した場合は、他の軽易な業務に転換する場合がある。

（生理休暇）
第3条
1．生理日の就業が著しく困難な女性従業員から請求があったときは、必要な期間休暇を与える。
2．生理休暇の取得期間は無給とする。

（母性健康管理の措置）
第4条
1．妊娠中または出産後1年を経過しない女性従業員から、所定労働時間内に、母子保健法に基づく保健指導または健康診査を受けるために申出があったときは、

次の範囲で時間内通院を認める。

イ　産前の場合

妊娠23週まで………………4週間に1回

妊娠24週から35週まで……2週間に1回

妊娠36週から出産まで……1週間に1回

ただし、医師または助産師（以下、「医師等」という。）がこれと異なる指示を
したときには、その指示により必要な時間

ロ　産後（1年以内）の場合

医師等の指示により必要な時間

2．妊娠中または出産後1年を経過しない女性従業員から、保健指導または健康診
査に基づき勤務時間等について医師等の指導を受けた旨申出があった場合、次の
措置を講ずる。

イ　妊娠中の通勤緩和措置として、通勤時の混雑を避けるよう指導された場合は、
必要とされる勤務時間の短縮または時差出勤を認める。

ロ　妊娠中の休憩時間について指導された場合は、適宜休憩時間の延長や休憩の
回数を増やす。

ハ　妊娠中または出産後の女性従業員が、その症状等に関して指導された場合は、
医師等の指導事項を遵守するための作業の軽減や勤務時間の短縮、休業等の措
置を取る。

3．第1項および第2項の適用を受けて就労しなかった日、または不就労時間は無
給とする。

（妊産婦の労働時間等）

第5条

1．変形労働時間制を適用する事業場に使用される妊娠中または産後1年を経過し
ない女性従業員が請求した場合は、変形期間中の所定労働時間を週40時間、1日
8時間までとする。

2．妊娠中または産後1年を経過しない女性従業員が請求した場合は、時間外労働、

休日労働および深夜労働を命じない。

（産前産後の休業）

第6条

1．6週間（多胎妊娠の場合は14週間）以内に出産予定の女性従業員から請求があったときは、休業させる。

2．産後8週間を経過していない女性従業員は、就業させない。

3．本条第2項にかかわらず、産後6週間を経過した女性従業員から請求があった場合は、その者について医師が支障がないと認めた業務に就かせることがある。

（出産に関する特別休暇）

第7条

1．従業員が申請した場合は、次のとおり特別休暇を与える。

妻が出産したとき　　　　日

2．本条第1項の特別休暇中の賃金は有給とする。

第2章　育児休業

（育児休業の対象者）

第8条

1．育児のために休業することを希望する従業員（日雇従業員を除く）であって、1歳に満たない子と同居し、養育する者は、この規則に定めるところにより育児休業をすることができる。ただし、有期契約従業員にあっては、申出時点において、次のいずれにも該当する者に限り育児休業をすることができる。

イ　入社1年以上であること。

ロ　子が1歳6カ月（本条第5項の申出にあっては2歳）に達する日までに労働契約期間が満了し、更新されないことが明らかでないこと。

2．本条第1項、第3項、第4項、第5項にかかわらず、労使協定により除外された次の従業員からの休業の申出は拒むことができる。

イ　入社1年未満の従業員

ロ　申出の日から1年（本条第4項および第5項の申出にあっては6カ月）以内に雇用関係が終了することが明らかな従業員

ハ　1週間の所定労働日数が2日以下の従業員

3．配偶者が従業員と同じ日からまたは従業員より先に育児休業をしている場合、従業員は、子が1歳2カ月に達するまでの間で、出生日以後の産前・産後休業期間と育児休業期間との合計が1年を限度として、育児休業をすることができる。

4．次のいずれにも該当する従業員は、子が1歳6カ月に達するまでの間で必要な日数について育児休業をすることができる。なお、育児休業を開始しようとする日は、原則として子の1歳の誕生日に限るものとする。

イ　従業員または配偶者が原則として子の1歳の誕生日の前日に育児休業をしていること

ロ　次のいずれかの事情があること

（ア）　保育所等に入所を希望しているが、入所できない場合

（イ）　従業員の配偶者であって育児休業の対象となる子の親であり、1歳以降育児に当たる予定であった者が、死亡、負傷、疾病等の事情により子を養育することが困難になった場合

5．次のいずれにも該当する従業員は、子が2歳に達するまでの間で必要な日数について育児休業をすることができる。なお、育児休業を開始しようとする日は、子の1歳6カ月の誕生日応当日に限るものとする。

イ　従業員または配偶者が子の1歳6カ月の誕生日応当日の前日に育児休業をしていること

ロ　次のいずれかの事情があること

（ア）　保育所等に入所を希望しているが、入所できない場合

（イ）　従業員の配偶者であって育児休業の対象となる子の親であり、1歳6カ

月以降育児に当たる予定であった者が、死亡、負傷、疾病等の事情により
子を養育することが困難になった場合

（育児休業の申出の手続き等）
第9条
1．育児休業をすることを希望する従業員は、原則として育児休業を開始しようと
する日（以下、「育児休業開始予定日」という。）の1カ月前（第8条第4項およ
び第5項に基づく1歳および1歳6カ月を超える休業の場合は、2週間前）までに
育児休業申出書（社内様式1）を人事部労務課に提出することにより申し出るも
のとする。なお、育児休業中の有期契約従業員が労働契約を更新するに当たり、
引き続き休業を希望する場合には、更新された労働契約期間の初日を育児休業開
始予定日として、育児休業申出書により再度の申出を行うものとする。
2．申出は、次のいずれかに該当する場合を除き、一子につき1回限りとする。た
だし、産後休業をしていない従業員が、子の出生日または出産予定日のいずれか
遅いほうから8週間以内にした最初の育児休業については、1回の申出にカウン
トしない。
　　イ　第8条第1項に基づく休業をした者が同条第4項または第5項に基づく休業
　　　の申出をしようとする場合または本条第1項後段の申出をしようとする場合
　　ロ　第8条第4項に基づく休業をした者が同条第5項に基づく休業の申出をしよ
　　　うとする場合または本条第1項後段の申出をしようとする場合
　　ハ　配偶者の死亡等特別の事情がある場合
3．会社は、育児休業申出書を受け取るに当たり、必要最小限度の各種証明書の提
出を求めることがある。
4．育児休業申出書が提出されたときは、会社は速やかに当該育児休業申出書を提
出した者（以下、この章において「申出者」という。）に対し、育児休業取扱通
知書（社内様式2）を交付する。
5．申出の日後に申出に係る子が出生したときは、申出者は、出生後2週間以内に
人事部労務課に育児休業対象児出生届（社内様式3）を提出しなければならな

い。

（育児休業の申出の撤回等）

第10条

1．申出者は、育児休業開始予定日の前日までは、育児休業申出撤回届（社内様式
4）を人事部労務課に提出することにより、育児休業の申出を撤回することがで
きる。

2．育児休業申出撤回届が提出されたときは、会社は速やかに当該育児休業申出撤
回届を提出した者に対し、育児休業取扱通知書（社内様式2）を交付する。

3．育児休業の申出を撤回した者は、特別の事情がない限り同一の子については再
度申出をすることができない。ただし、第8条第1項に基づく休業の申出を撤回
した者であっても、同条第4項および第5項に基づく休業の申出をすることがで
き、第8条第4項に基づく休業の申出を撤回した者であっても、同条第5項に基
づく休業の申出をすることができる。

4．育児休業開始予定日の前日までに、子の死亡等により申出者が休業申出に係る
子を養育しないこととなった場合には、育児休業の申出はされなかったものとみ
なす。この場合において、申出者は、原則として当該事由が発生した日に、人事
部労務課にその旨を通知しなければならない。

（育児休業の期間等）

第11条

1．育児休業の期間は、原則として、子が1歳に達するまで（第8条第3項、第4
項および第5項に基づく休業の場合は、それぞれ定められた時期まで）を限度と
して育児休業申出書（社内様式1）に記載された期間とする。

2．本条第1項にかかわらず、会社は、育児・介護休業法の定めるところにより育
児休業開始予定日の指定を行うことができる。

3．従業員は、育児休業期間変更申出書（社内様式5）により人事部労務課に、育
児休業開始予定日の1週間前までに申し出ることにより、育児休業開始予定日の

繰り上げ変更を、また、育児休業を終了しようとする日（以下、「育児休業終了
予定日」という。）の1カ月前（第8条第4項および第5項に基づく休業をしてい
る場合は、2週間前）までに申し出ることにより、育児休業終了予定日の繰り下
げ変更を行うことができる。

　　なお、育児休業開始予定日の繰り上げ変更および育児休業終了予定日の繰り下
げ変更とも、原則として1回に限り行うことができるが、第8条第4項および第5
項に基づく休業の場合には、第8条第1項に基づく休業とは別に、子が1歳から1
歳6カ月に達するまでおよび1歳6カ月から2歳に達するまでの期間内で、それ
ぞれ1回、育児休業終了予定日の繰り下げ変更を行うことができる。

4．育児休業期間変更申出書が提出されたときは、会社は速やかに当該育児休業期
　間変更申出書を提出した者に対し、育児休業取扱通知書（社内様式2）を交付す
　る。

5．次の各号に掲げるいずれかの事由が生じた場合には、育児休業は終了するもの
　とし、当該育児休業の終了日は当該各号に掲げる日とする。

　(1) 子の死亡等育児休業に係る子を養育しないこととなった場合

　　　　当該事由が発生した日（なお、この場合において本人が出勤する日は、事由
　　　発生の日から2週間以内であって、会社と本人が話し合いの上決定した日とす
　　　る。）

　(2) 育児休業に係る子が1歳に達した場合等

　　　　子が1歳に達した日（第8条第3項に基づく休業の場合を除く。第8条第4
　　　項に基づく休業の場合は、子が1歳6カ月に達した日。第8条第5項に基づく
　　　休業の場合は、子が2歳に達した日）

　(3) 申出者について、産前産後休業、介護休業または新たな育児休業期間が始
　　　まった場合

　　　　産前産後休業、介護休業または新たな育児休業の開始日の前日

　(4) 第8条第3項に基づく休業において、出生日以後の産前・産後休業期間と育
　　　児休業期間との合計が1年に達した場合

　　　　当該1年に達した日

6．本条第5項第1号の事由が生じた場合には、申出者は原則として当該事由が生じた日に人事部労務課にその旨を通知しなければならない。

第3章　介護休業

（介護休業の対象者）
第12条

1．要介護状態にある対象家族を介護する従業員（日雇従業員は除く）は、この規則の定めるところにより介護休業をすることができる。ただし、有期契約従業員にあっては、申出時点において、次のいずれにも該当する者に限り介護休業をすることができる。

　イ　入社1年以上であること。

　ロ　介護休業を開始しようとする日（以下、「介護休業開始予定日」という。）から93日経過日から6カ月を経過する日までに労働契約期間が満了し、更新されないことが明らかでないこと。

2．本条第1項にかかわらず、労使協定により除外された次の従業員からの休業の申出は拒むことができる。

　イ　入社1年未満の従業員

　ロ　申出の日から93日以内に雇用関係が終了することが明らかな従業員

　ハ　1週間の所定労働日数が2日以下の従業員

3．この要介護状態にある対象家族とは、負傷、疾病または身体上もしくは精神上の障害により、2週間以上の期間にわたり常時介護を必要とする状態にある次の者をいう。

　イ　配偶者

　ロ　父母

　ハ　子

　ニ　配偶者の父母

　ホ　祖父母、兄弟姉妹または孫

（介護休業の申出の手続き等）

第13条

1．介護休業をすることを希望する従業員は、原則として介護休業開始予定日の2週間前までに、介護休業申出書（社内様式6）を人事部労務課に提出することにより申し出るものとする。なお、介護休業中の有期契約従業員が労働契約を更新するに当たり、引き続き休業を希望する場合には、更新された労働契約期間の初日を介護休業開始予定日として、介護休業申出書により再度の申出を行うものとする。

2．申出は、対象家族1人につき3回までとする。ただし、本条第1項の後段の申出をしようとする場合にあっては、この限りでない。

3．会社は、介護休業申出書を受け取るに当たり、必要最小限度の各種証明書の提出を求めることがある。

4．介護休業申出書が提出されたときは、会社は速やかに当該介護休業申出書を提出した者（以下、この章において「申出者」という。）に対し、介護休業取扱通知書（社内様式2）を交付する。

（介護休業の申出の撤回等）

第14条

1．申出者は、介護休業開始予定日の前日までは、介護休業申出撤回届（社内様式4）を人事部労務課に提出することにより、介護休業の申出を撤回することができる。

2．介護休業申出撤回届が提出されたときは、会社は速やかに当該介護休業申出撤回届を提出した者に対し、介護休業取扱通知書（社内様式2）を交付する。

3．同一対象家族について2回連続して介護休業の申出を撤回した者は、当該家族について再度の申出はすることができない。

4．介護休業開始予定日の前日までに、申出に係る家族の死亡等により申出者が家族を介護しないこととなった場合には、介護休業の申出はされなかったものとみなす。この場合において、申出者は、原則として当該事由が発生した日に、人事

部労務課にその旨を通知しなければならない。

（介護休業の期間等）

第15条

1．介護休業の期間は、対象家族1人につき、原則として、通算93日の範囲内で、介護休業申出書（社内様式6）に記載された期間とする。

2．本条第1項にかかわらず、会社は、育児・介護休業法の定めるところにより介護休業開始予定日の指定を行うことができる。

3．従業員は、介護休業期間変更申出書（社内様式5）により、介護休業を終了しようとする日（以下、「介護休業終了予定日」という。）の2週間前までに人事部労務課に申し出ることにより、介護休業終了予定日の繰り下げ変更を行うことができる。この場合において、介護休業開始予定日から変更後の介護休業終了予定日までの期間は通算93日の範囲を超えないことを原則とする。

4．介護休業期間変更申出書が提出されたときは、会社は速やかに当該介護休業期間変更申出書を提出した者に対し、介護休業取扱通知書（社内様式2）を交付する。

5．次の各号に掲げるいずれかの事由が生じた場合には、介護休業は終了するものとし、当該介護休業の終了日は当該各号に掲げる日とする。

　(1) 家族の死亡等介護休業に係る家族を介護しないこととなった場合

　　　当該事由が発生した日（なお、この場合において本人が出勤する日は、事由発生の日から2週間以内であって、会社と本人が話し合いの上決定した日とする。）

　(2) 申出者について、産前産後休業、育児休業または新たな介護休業が始まった場合

　　　産前産後休業、育児休業または新たな介護休業の開始日の前日

6．本条第5項第1号の事由が生じた場合には、申出者は原則として当該事由が生じた日に人事部労務課にその旨を通知しなければならない。

第4章　休業以外の措置（休暇）

（子の看護休暇）

第16条

1．小学校就学の始期に達するまでの子を養育する従業員（日雇従業員を除く）は、負傷し、または疾病にかかった当該子の世話をするために、または当該子に予防接種や健康診断を受けさせるために、就業規則第○条に規定する年次有給休暇とは別に、当該子が1人の場合は1年間につき5日、2人以上の場合は1年間につき10日を限度として、子の看護休暇を取得することができる。この場合の1年間とは、4月1日から翌年3月31日までの期間とする。ただし、労使協定によって除外された次の従業員からの子の看護休暇の申出は拒むことができる。

　　イ　入社6カ月未満の従業員

　　ロ　1週間の所定労働日数が2日以下の従業員

2．子の看護休暇は半日単位で取得することができる。従業員のうち、勤務時間が9時〜17時45分の従業員の半日単位となる時間数は、労使協定により始業時刻から3時間または終業時刻までの4時間45分とする。休暇1日当たりの時間数は、7時間45分とする。ただし、1日の所定労働時間が4時間以下である従業員は1日単位での取得とする。上記以外の従業員については、半日単位となる時間数は1日の所定労働時間の2分の1とし、始業時刻から連続し、または終業時刻まで連続するものとする。

3．取得しようとする者は、原則として、子の看護休暇申出書（社内様式7）を事前に人事部労務課に申し出るものとする。

4．休暇中の給与は無給とする。賞与、定期昇給および退職金の算定に当たっては、取得期間は通常の勤務をしたものとみなす。

（介護休暇）

第17条

1．要介護状態にある対象家族の介護その他の世話をする従業員（日雇従業員を除

く）は、就業規則第○条に規定する年次有給休暇とは別に、当該家族が1人の場合は1年間につき5日、2人以上の場合は1年間につき10日を限度として、介護休暇を取得することができる。この場合の1年間とは、4月1日から翌年3月31日までの期間とする。ただし、労使協定によって除外された次の従業員からの介護休暇の申出は拒むことができる。

イ　入社6カ月未満の従業員

ロ　1週間の所定労働日数が2日以下の従業員

2．介護休暇は、半日単位で取得することができる。従業員のうち、勤務時間が9時～17時45分の従業員の半日単位となる時間数は、労使協定により始業時刻から3時間または終業時刻までの4時間45分とする。休暇1日当たりの時間数は、7時間45分とする。ただし、1日の所定労働時間が4時間以下である従業員は1日単位とする。上記以外の従業員については、半日単位となる時間数は1日の所定労働時間の2分の1とし、始業時刻から連続し、または終業時刻まで連続するものとする。

3．取得しようとする者は、原則として、介護休暇申出書（社内様式7）を事前に人事部労務課に申し出るものとする。

4．休暇中の給与は無給とする。賞与、定期昇給および退職金の算定に当たっては、取得期間は通常の勤務をしたものとみなす。

（育児目的休暇）

第18条

1．小学校就学の始期に達するまでの子を養育する従業員（日雇従業員を除く）は、養育のために就業規則第○条に規定する年次有給休暇とは別に、当該子が1人の場合は1年間につき○日、2人以上の場合は1年間につき○日を限度として、育児目的休暇を取得することができる。この場合の1年間とは、4月1日から翌年3月31日までの期間とする。

2．取得しようとする者は、原則として、育児目的休暇取得申出書（社内様式14）を事前に人事部労務課に申し出るものとする。

第5章　巻末資料　269

第5章　休業以外の措置（各種制限）

（育児・介護のための所定外労働の制限）

第19条

1．3歳に満たない子を養育する従業員（日雇従業員を除く）が当該子を養育するため、または要介護状態にある対象家族を介護する従業員（日雇従業員を除く）が当該家族を介護するために申し出た場合には、事業の正常な運営に支障がある場合を除き、所定労働時間を超えて労働させることはない。

2．本条第1項にかかわらず、労使協定によって除外された次の従業員からの所定外労働の制限の申出は拒むことができる。

　イ　入社1年未満の従業員

　ロ　1週間の所定労働日数が2日以下の従業員

3．申出をしようとする者は、1回につき、1カ月以上1年以内の期間（以下この条において「制限期間」という。）について、制限を開始しようとする日（以下この条において「制限開始予定日」という。）および制限を終了しようとする日を明らかにして、原則として、制限開始予定日の1カ月前までに、育児・介護のための所定外労働制限申出書（社内様式8）を人事部労務課に提出するものとする。この場合において、制限期間は、次条第3項に規定する制限期間と重複しないようにしなければならない。

4．会社は、所定外労働制限申出書を受け取るに当たり、必要最小限度の各種証明書の提出を求めることがある。

5．申出の日後に申出に係る子が出生したときは、所定外労働制限申出書を提出した者（以下この条において「申出者」という。）は、出生後2週間以内に人事部労務課に所定外労働制限対象児出生届（社内様式3）を提出しなければならない。

6．制限開始予定日の前日までに、申出に係る子または家族の死亡等により申出者が子を養育または家族を介護しないこととなった場合には、申出はされなかったものとみなす。この場合において、申出者は、原則として当該事由が発生した日

に、人事部労務課にその旨を通知しなければならない。

7．次の各号に掲げるいずれかの事由が生じた場合には、制限期間は終了するものとし、当該制限期間の終了日は当該各号に掲げる日とする。

（1）子または家族の死亡等、制限に係る子を養育または家族を介護しないこととなった場合

　　当該事由が発生した日

（2）制限に係る子が3歳に達した場合

　　当該3歳に達した日

（3）申出者について、産前産後休業、育児休業または介護休業が始まった場合

　　産前産後休業、育児休業または介護休業の開始日の前日

8．本条第7項第1号の事由が生じた場合には、申出者は原則として当該事由が生じた日に、人事部労務課にその旨を通知しなければならない。

（育児・介護のための時間外労働の制限）

第20条

1．小学校就学の始期に達するまでの子を養育する従業員が当該子を養育するため、または要介護状態にある対象家族を介護する従業員が当該家族を介護するために申し出た場合には、就業規則第○条の規定および時間外労働に関する協定にかかわらず、事業の正常な運営に支障がある場合を除き、1カ月について24時間、1年について150時間を超えて時間外労働をさせることはない。

2．本条第1項にかかわらず、次のいずれかに該当する従業員からの時間外労働の制限の申出は拒むことができる。

　　イ　日雇従業員

　　ロ　入社1年未満の従業員

　　ハ　1週間の所定労働日数が2日以下の従業員

3．申出をしようとする者は、1回につき、1カ月以上1年以内の期間（以下この条において「制限期間」という。）について、制限を開始しようとする日（以下この条において「制限開始予定日」という。）および制限を終了しようとする日を

明らかにして、原則として、制限開始予定日の1カ月前までに、育児・介護のための時間外労働制限申出書（社内様式9）を人事部労務課に提出するものとする。この場合において、制限期間は、前条第3項に規定する制限期間と重複しないようにしなければならない。

4．会社は、時間外労働制限申出書を受け取るに当たり、必要最小限度の各種証明書の提出を求めることがある。

5．申出の日後に申出に係る子が出生したときは、時間外労働制限申出書を提出した者（以下この条において「申出者」という。）は、出生後2週間以内に人事部労務課に時間外労働制限対象児出生届（社内様式3）を提出しなければならない。

6．制限開始予定日の前日までに、申出に係る子または家族の死亡等により申出者が子を養育または家族を介護しないこととなった場合には、申出されなかったものとみなす。この場合において、申出者は、原則として当該事由が発生した日に、人事部労務課にその旨を通知しなければならない。

7．次の各号に掲げるいずれかの事由が生じた場合には、制限期間は終了するものとし、当該制限期間の終了日は当該各号に掲げる日とする。

（1）子または家族の死亡等制限に係る子を養育または家族を介護しないこととなった場合

　　当該事由が発生した日

（2）制限に係る子が小学校就学の始期に達した場合

　　子が6歳に達する日の属する年度の3月31日

（3）申出者について、産前産後休業、育児休業または介護休業が始まった場合

　　産前産後休業、育児休業または介護休業の開始日の前日

8．本条第7項第1号の事由が生じた場合には、申出者は原則として当該事由が生じた日に、人事部労務課にその旨を通知しなければならない。

（育児・介護のための深夜業の制限）

第21条

1．小学校就学の始期に達するまでの子を養育する従業員が当該子を養育するため、または要介護状態にある対象家族を介護する従業員が当該家族を介護するために申し出た場合には、就業規則第○条の規定にかかわらず、事業の正常な運営に支障がある場合を除き、午後10時から午前5時までの間（以下「深夜」という。）に労働させることはない。

2．本条第1項にかかわらず、次のいずれかに該当する従業員からの深夜業の制限の申出は拒むことができる。

　イ　日雇従業員

　ロ　入社1年未満の従業員

　ハ　申出に係る子または家族の16歳以上の同居の家族が次のいずれにも該当する従業員

　　（ア）深夜において就業していない者（1カ月について深夜における就業が3日以下の者を含む）であること。

　　（イ）心身の状況が申出に係る子の保育または家族の介護をすることができる者であること。

　　（ウ）6週間（多胎妊娠の場合にあっては、14週間）以内に出産予定でなく、かつ産後8週間以内でない者であること。

　ニ　1週間の所定労働日数が2日以下の従業員

　ホ　所定労働時間の全部が深夜にある従業員

3．申出をしようとする者は、1回につき、1カ月以上6カ月以内の期間（以下この条において「制限期間」という。）について、制限を開始しようとする日（以下この条において「制限開始予定日」という。）および制限を終了しようとする日を明らかにして、原則として、制限開始予定日の1カ月前までに、育児・介護のための深夜業制限申出書（社内様式10）を人事部労務課に提出するものとする。

4．会社は、深夜業制限申出書を受け取るに当たり、必要最小限度の各種証明書の提出を求めることがある。

第5章　巻末資料　273

5．申出の日より後に申出に係る子が出生したときは、深夜業制限申出書を提出した者（以下この条において「申出者」という。）は、出生後2週間以内に人事部労務課に深夜業制限対象児出生届（社内様式3）を提出しなければならない。

6．制限開始予定日の前日までに、申出に係る子または家族の死亡等により申出者が子を養育または家族を介護しないこととなった場合には、申出されなかったものとみなす。この場合において、申出者は、原則として当該事由が発生した日に、人事部労務課にその旨を通知しなければならない。

7．次の各号に掲げるいずれかの事由が生じた場合には、制限期間は終了するものとし、当該制限期間の終了日は当該各号に掲げる日とする。

(1) 子または家族の死亡等、制限に係る子を養育または家族を介護しないこととなった場合

　　当該事由が発生した日

(2) 制限に係る子が小学校就学の始期に達した場合

　　子が6歳に達する日の属する年度の3月31日

(3) 申出者について、産前産後休業、育児休業または介護休業が始まった場合

　　産前産後休業、育児休業または介護休業の開始日の前日

8．本条第7項第1号の事由が生じた場合には、申出者は原則として当該事由が生じた日に、人事部労務課にその旨を通知しなければならない。

9．制限期間中の給与については、別途定める給与規定に基づく労務提供のなかった時間分に相当する額を控除した基本給と、諸手当の全額を支給する。

10．深夜業の制限を受ける従業員に対して、会社は必要に応じて昼間勤務へ転換させることがある。

第6章　休業以外の措置（短時間勤務等）

（育児時間）

第22条

1．1歳に満たない子を養育する女性従業員から請求があったときは、休憩時間の

ほか1日について2回、1回について30分の育児時間を与える。

2．育児時間の取得期間は無給とする。

（育児短時間勤務）

第23条

1．3歳に満たない子を養育する従業員は、申し出ることにより、就業規則第○条の所定労働時間について、以下のように変更することができる。

所定労働時間を午前9時から午後4時まで（うち休憩時間は、午前12時から午後1時までの1時間とする）の6時間とする。1歳に満たない子を育てる女性従業員はさらに別途30分ずつ2回の育児時間を請求することができる。

2．本条第1項にかかわらず、次のいずれかに該当する従業員からの育児短時間勤務の申出は拒むことができる。

イ　日雇従業員

ロ　1日の所定労働時間が6時間以下である従業員

ハ　労使協定によって除外された次の従業員

（ア）入社1年未満の従業員

（イ）1週間の所定労働日数が2日以下の従業員

3．申出をしようとする者は、1回につき、1カ月以上1年以内の期間について、短縮を開始しようとする日および短縮を終了しようとする日を明らかにして、原則として、短縮開始予定日の1カ月前までに、育児短時間勤務申出書（社内様式11）により人事部労務課に申し出なければならない。申出書が提出されたときは、会社は速やかに申出者に対し、育児短時間勤務取扱通知書（社内様式13）を交付する。その他適用のための手続き等については、第9条から第11条までの規定（第9条第2項および第10条第3項を除く）を準用する。

4．本制度の適用を受ける間の給与については、別途定める給与規定に基づく労務提供のなかった時間分に相当する額を控除した基本給と、諸手当の全額を支給する。

5．賞与の算定対象期間に本制度の適用を受ける期間がある場合においては、短縮

した時間に対応する賞与は支給しない。

6．定期昇給および退職金の算定に当たっては、本制度の適用を受ける期間は通常
の勤務をしているものとみなす。

（介護短時間勤務）

第24条

1．要介護状態にある対象家族を介護する従業員は、申し出ることにより、当該家
族1人当たり利用開始の日から3年の間で2回までの範囲内で、就業規則第○条
の所定労働時間について、以下のように変更することができる。

所定労働時間を午前9時から午後4時まで（うち休憩時間は、午前12時から午
後1時までの1時間とする）の6時間とする。

2．本条第1項にかかわらず、次のいずれかに該当する従業員からの介護短時間勤
務の申出は拒むことができる。

イ　日雇従業員

ロ　労使協定によって除外された次の従業員

（ア）入社1年未満の従業員

（イ）1週間の所定労働日数が2日以下の従業員

3．申出をしようとする者は、短縮を開始しようとする日および短縮を終了しよう
とする日を明らかにして、原則として、短縮開始予定日の2週間前までに、介護
短時間勤務申出書（社内様式12）により人事部労務課に申し出なければならな
い。申出書が提出されたときは、会社は速やかに申出者に対し、介護短時間勤務
取扱通知書（社内様式13）を交付する。その他適用のための手続き等について
は、第13条から第15条までの規定を準用する。

4．本制度の適用を受ける間の給与については、別途定める給与規定に基づく労務
提供のなかった時間分に相当する額を控除した基本給と、諸手当の全額を支給す
る。

5．賞与の算定対象期間に本制度の適用を受ける期間がある場合においては、短縮
した時間に対応する賞与は支給しない。

6．定期昇給および退職金の算定に当たっては、本制度の適用を受ける期間は通常の勤務をしているものとみなす。

第7章　その他雑則

（年次有給休暇に関する事項）

第25条

1．就業規則第○条第○項に規定する、年次有給休暇の付与に係る出勤率の算定は、以下の計算式により算出する。なお、第2項に規定する期間については出勤したものとみなして取り扱う。また、休業期間中であっても年次有給休暇の付与は行われる。

　　出勤率算定式：

　　出勤した日（出勤したものとみなされる日を含む）÷全労働日

2．以下の各号に規定する期間は出勤率の算定上出勤したものとみなして取り扱う。

　（1）産前産後休業を取得した期間

　（2）育児休業または介護休業を取得した期間

3．生理休暇、子の看護休暇、介護休暇および出産に係る特別休暇を取得した日については、出勤率の計算においては欠勤したものと同様に取り扱う。

4．産前産後休業、育児休業および介護休業を取得している期間中に年次有給休暇を取得することはできない。ただし、年次有給休暇の計画的付与等により育児休業および介護休業の申出以前に年次有給休暇の取得を申し出ていた場合はこの限りでない。

（給与等の取扱い）

第26条

1．産前産後休業および育児・介護休業の期間については、基本給その他の月ごとに支払われる給与は支給しない。

第5章　巻末資料　277

2．賞与については、その算定対象期間に育児・介護休業を取得した期間が含まれる場合には、出勤日数により日割りで計算した額を支給する。

3．定期昇給は、育児・介護休業期間中は行わないものとし、育児・介護休業期間中に定期昇給日が到来した者については、復職後に昇給させるものとする。

4．退職金の算定に当たっては、育児・介護休業をした期間を勤務したものとして勤続年数を計算するものとする。

（介護休業期間中の社会保険料の取扱い）

第27条

介護休業により給与が支払われない月における社会保険料の被保険者負担分は、各月に会社が納付した額を翌月○日までに従業員に請求するものとし、従業員は会社が指定する日までに支払うものとする。

（円滑な取得および職場復帰支援）

第28条

会社は、育児休業または介護休業等の取得を希望する従業員に対して、円滑な取得および職場復帰を支援するために、以下の措置を実施する。

イ　従業員やその配偶者が妊娠・出産したことや従業員が対象家族の介護を行っていることを知った場合、その従業員に個別に育児休業等に関する制度（育児・介護休業中および休業後の待遇や労働条件、パパ休暇、パパ・ママ育休プラス、その他の両立支援制度など）の周知を実施する。

ロ　会社は労働者の休業復帰に際しては、必要な支援をし、また会社が必要と認める限りの援助計画を作成・提示するものとする。

（復職後の勤務）

第29条

1．育児・介護休業後の勤務は、原則として、休業直前の部署および職務とする。

2．本条第1項にかかわらず、本人の希望がある場合および組織の変更等やむを得

ない事情がある場合には、部署および職務の変更を行うことがある。この場合は、育児休業終了予定日の1カ月前または介護休業終了予定日の2週間前までに正式に決定し通知する。

（禁止行為）

第30条

すべての従業員は、他の従業員を業務遂行上の対等なパートナーとして認め、職場における健全な秩序ならびに協力関係を保持する義務を負うとともに、職場内において次の各号に掲げる行為をしてはならない。

(1) 部下の育児・介護に関する制度や措置の利用等に関し、解雇その他不利益な取扱いを示唆する言動

(2) 部下または同僚の育児・介護に関する制度や措置の利用を阻害する言動

(3) 部下または同僚が育児・介護に関する制度や措置を利用したことによる嫌がらせ等

(4) 部下である従業員が（1）～（3）の行為を受けている事実を認めながら、これを黙認する上司の行為

（懲戒）

第31条

次の各号に掲げる場合に応じ、当該各号に定める懲戒処分を行う。

(1) 第30条（1）～（4）の行為を行った場合

　　就業規則第○条第1項①から④までに定めるけん責、減給、出勤停止または降格

(2) 前号の行為が再度に及んだ場合、その情状が悪質と認められる場合

　　就業規則第○条第1項⑤に定める懲戒解雇

（相談および苦情への対応）

第32条

1．育児休業等に関するハラスメントの相談および苦情処理の相談窓口は本社および各事業場で設けることとし、その責任者は人事部長とする。人事部長は、窓口担当者の名前を人事異動等による変更の都度、周知するとともに、担当者に対する対応マニュアルの作成および対応に必要な研修を行うものとする。

2．育児休業等に関するハラスメントの被害者に限らず、すべての従業員は育児休業等に関する就業環境を害する言動に関する相談および苦情を窓口担当者に申し出ることができる。

3．対応マニュアルに沿い、相談窓口担当者は相談者からの事実確認の後、本社においては人事部長へ、各事業場においては所属長へ報告する。報告に基づき、人事部長または所属長は相談者の人権に配慮した上で、必要に応じて行為者、被害者、上司その他の従業員等に事実関係を聴取する。

4．本条第3項の聴取を求められた従業員は、正当な理由なくこれを拒むことはできない。

5．対応マニュアルに沿い、所属長は人事部長に事実関係を報告し、人事部長は問題解決のための措置として、第31条による懲戒のほか、行為者の異動等被害者の労働条件および就業環境を改善するために必要な措置を講じる。

6．相談および苦情への対応に当たっては、関係者のプライバシーは保護されるとともに、相談をしたことまたは事実関係の確認に協力したこと等を理由として不利益な取扱いは行わない。

（再発防止の義務）

第33条

人事部長は、育児休業等に関するハラスメント事案が生じたときは、周知の再徹底および研修の実施、事案発生の原因の分析と再発防止等、適切な再発防止策を講じなければならない。

（法令との関係）

第34条

　育児・介護休業、子の看護休暇、介護休暇、育児・介護のための所定外労働の制限、育児・介護のための時間外労働および深夜業の制限ならびに所定労働時間の短縮措置等に関して、この規則に定めのないことについては、育児・介護休業法その他の法令の定めるところによる。

2．様式例

社内様式1

育児休業申出書

　　　　　　　殿

　　　　　　　　　　　　　　　　　　　　［申出日］　　　　年　　月　　日
　　　　　　　　　　　　　　　　　　　　［申出者］所属
　　　　　　　　　　　　　　　　　　　　　　　　　氏名

　私は、育児・介護休業等に関する規則に基づき、下記のとおり育児休業の申出をします。

記

1 休業に係る子の状況	(1) 氏名	
	(2) 生年月日	
	(3) 本人との続柄	
	(4) 養子の場合、縁組成立の年月日	年　　月　　日
	(5) (1)の子が、特別養子縁組の監護期間中の子・養子縁組里親に委託されている子・養育里親として委託された子の場合、その手続きが完了した年月日	年　　月　　日
2 1の子が生まれていない場合の出産予定者の状況	(1) 氏名	
	(2) 出産予定日	
	(3) 本人との続柄	
3 休業の期間	年　　月　　日から　　年　　月　　日まで （職場復帰予定日　　年　　月　　日）	
4 申出に係る状況	(1) 1歳までの育児休業の場合は休業開始予定日の1カ月前、1歳を超えての休業の場合は2週間前に申し出て	いる・いない→申出が遅れた理由 〔　　　　　　　　　　　　〕
	(2) 1の子について育児休業の申出を撤回したことが	ない・ある→再度申出の理由 〔　　　　　　　　　　　　〕
	(3) 1の子について育児休業をしたことが ※ 1歳を超えての休業の場合は記入の必要はありません	ない・ある 再度休業の理由 〔　　　　　　　　　　　　〕
	(4) 配偶者も育児休業をしており、1歳を超えて休業しようとする場合	配偶者の休業開始（予定）日 　　年　　月　　日
	(5) (4)以外で1歳を超えての休業の申出の場合	休業が必要な理由 〔　　　　　　　　　　　　〕
	(6) 1歳を超えての育児休業の申出の場合で申出者が育児休業中でない場合	配偶者が休業　している・していない

282

社内様式2

〔育児・介護〕休業取扱通知書

　　　　　　　殿

　　　　　　　　　　　　　　　　　　　　　　　　　　　年　月　日
　　　　　　　　　　　　　　　　　　　　会社名

　あなたから　　年　月　日に〔育児・介護〕休業の〔申出・期間変更の申出・申出の撤回〕がありました。育児・介護休業等に関する規則に基づき、その取扱いを下記のとおり通知します（ただし、期間の変更の申出があった場合には下記の事項の若干の変更があり得ます）。

記

1 休業の期間等	(1) 適正な申出がされていましたので申出どおり　　年　月　日から　　年　月　日まで休業してください。職場復帰予定日は、　　年　月　日です。 (2) 申し出た期日が遅かったので休業を開始する日を　　年　月　日にしてください。 (3) あなたは以下の理由により休業の対象者でないので休業することはできません。 [　　　　　　　　　　　　　　　　　　　　　　　　　　　] (4) あなたが　　年　月　日にした休業申出は撤回されました。 (5)（介護休業の場合のみ）申出に係る対象家族について介護休業ができる日数は通算93日です。今回の措置により、介護休業ができる残りの回数および日数は、（　）回（　）日になります。
2 休業期間中の取扱い等	(1) 休業期間中については給与を支払いません。 (2) 所属は　　　　　課のままとします。 (3) ・（育児休業の場合のみ）あなたの社会保険料は免除されます。 　　・（介護休業の場合のみ）あなたの社会保険料本人負担分は、　月現在で1月約　　円ですが、休業を開始することにより、　月からは給与から天引きができなくなりますので、月ごとに会社から支払い請求書を送付します。指定された日までに下記へ振り込むか、　　　　に持参してください。 　　振込先： (4) 税については市区町村より直接納税通知書が届きますので、それに従って支払ってください。 (5) 毎月の給与から天引きされる社内融資返済金がある場合には、支払い猶予の措置を受けることができますので、　　　　　に申し出てください。
3 休業後の労働条件	(1) 休業後のあなたの基本給は、　　級　　号　　　円です。 (2) 　　年　月の賞与については算定対象期間に　　日の出勤日がありますので、出勤日数により日割りで計算した額を支給します。 (3) 退職金の算定に当たっては、休業期間を勤務したものとみなして勤続年数を計算します。 (4) 復職後は原則として　　　　課で休業をする前と同じ職務についていただく予定ですが、休業終了1カ月前までに正式に決定し通知します。 (5) あなたの　年度の有給休暇はあと　　日ありますので、これから休業期間を除き　年　月　日までの間に消化してください。 　　次年度の有給休暇は、今後　　日以上欠勤がなければ、繰り越し分を除いて　　日の有給休暇を請求できます。
4 その他	(1) お子さんを養育しなくなる、家族を介護しなくなる等あなたの休業に重大な変更をもたらす事由が発生したときは、なるべくその日に　　　　　課あて電話連絡をしてください。この場合の休業終了後の出勤日については、事由発生後2週間以内の日を会社と話し合って決定していただきます。 (2) 休業期間中についても会社の福利厚生施設を利用することができます。

（注）上記のうち、1（1）から（4）までの事項は事業主の義務となっている部分、それ以外の事項は努力義務となっている部分です。

第5章　巻末資料　283

社内様式3

〔育児休業・育児のための所定外労働制限・育児のための時間外労働制限・育児のための深夜業制限・育児短時間勤務〕対象児出生届

　　　　　　　　　　殿

　　　　　　　　　　　　　　　　　　〔申出日〕　　　年　月　日
　　　　　　　　　　　　　　　　　　〔申出者〕所属
　　　　　　　　　　　　　　　　　　　　　　　氏名

　私は、　　年　月　日に行った〔育児休業の申出・所定外労働制限の申出・時間外労働制限の申出・深夜業制限の申出・育児短時間勤務の申出〕において出生していなかった〔育児休業・所定外労働制限・時間外労働制限・深夜業制限・育児短時間勤務〕に係る子が出生しましたので、育児・介護休業等に関する規則に基づき、下記のとおり届け出ます。

　　　　　　　　　　　　　　記

1　出生した子の氏名

2　出生の年月日

社内様式4

〔育児・介護〕休業申出撤回届

　　　　　　　　　　殿

　　　　　　　　　　　　　　　　　　〔申出日〕　　　年　月　日
　　　　　　　　　　　　　　　　　　〔申出者〕所属
　　　　　　　　　　　　　　　　　　　　　　　氏名

　私は、育児・介護休業等に関する規則に基づき、　　年　月　日に行った〔育児・介護〕休業の申出を撤回します。

社内様式5

〔育児・介護〕休業期間変更申出書

　　　　　　　　　　殿

　　　　　　　　　　　　　　　　　　　　　　[申出日]　　　年　　月　　日
　　　　　　　　　　　　　　　　　　　　　　[申出者] 所属
　　　　　　　　　　　　　　　　　　　　　　　　　　氏名

　私は、育児・介護休業等に関する規則に基づき、　　年　　月　　日に行った〔育児・介護〕休業の申出における休業期間を下記のとおり変更します。

記

1　当初の申出における休業期間	年　　月　　日から 　　年　　月　　日まで
2　当初の申出に対する会社の対応	休業開始予定日の指定 ・有　→　指定後の休業開始予定日 　　　　　　　　　　　年　　月　　日 ・無
3　変更の内容	(1) 休業〔開始・終了〕予定日の変更 (2) 変更後の休業〔開始・終了〕予定日 　　　年　　月　　日
4　変更の理由 　　（休業開始予定日の変更の場合のみ）	

（注）1歳6カ月までおよび2歳までの育児休業および介護休業に関しては休業開始予定日の変更はできません。

社内様式6

介護休業申出書

　　　　　　殿

　　　　　　　　　　　　　　　　　　　　[申出日]　　　年　月　日
　　　　　　　　　　　　　　　　　　　　[申出者] 所属
　　　　　　　　　　　　　　　　　　　　　　　　 氏名

私は、育児・介護休業等に関する規則に基づき、下記のとおり介護休業の申出をします。

記

1 休業に係る家族の状況	(1) 氏名	
	(2) 本人との続柄	
	(3) 介護を必要とする理由	
2 休業の期間	年　月　日から　　　年　月　日まで （職場復帰予定日　　　年　月　日）	
3 申出に係る状況	(1) 休業開始予定日の2週間前に申し出て	いる・いない→申出が遅れた理由 〔　　　　　　　　　　　　　〕
	(2) 1の家族について、これまでの介護休業をした回数および日数	回　　　　　　日
	(3) 1の家族について介護休業の申出を撤回したことが	ない・ある（　　回） 既に2回連続して撤回した場合、再度申出の理由 〔　　　　　　　　　　　　　〕

社内様式7

〔子の看護休暇・介護休暇〕申出書

　　　　　　　　　殿

　　　　　　　　　　　　　　　　　　　　　　〔申出日〕　　年　月　日
　　　　　　　　　　　　　　　　　　　　　　〔申出者〕所属
　　　　　　　　　　　　　　　　　　　　　　　　　　　氏名

　私は、育児・介護休業等に関する規則に基づき、下記のとおり〔子の看護休暇・介護休暇〕の申出をします。

記

　　　　　　　　　　　　　　　　　　　　　〔子の看護休暇〕　〔介護休暇〕

1 申出に係る家族の状況	(1) 氏名		
	(2) 生年月日		
	(3) 本人との続柄		
	(4) 養子の場合、縁組成立の年月日		
	(5) (1)の子が、特別養子縁組の監護期間中の子・養子縁組里親に委託されている子・養育里親として委託された子の場合、その手続きが完了した年月日		
	(6) 介護を必要とする理由		
2 申出理由			
3 取得する日	一日 ・ 半日	年　月　日　時　分から 年　月　日　時　分まで	
4 備　考	年　月　日～　年　月　日（1年度）の期間において 　育児　対象　　人　　日　　　　介護　対象　　人　　日 　取得済日数・時間数　　日　　時間　取得済日数・時間数　　日　　時間 　今回申出日数・時間数　　日　　時間　今回申出日数・時間数　　日　　時間 　残日数・残時間数　　　　日　　時間　残日数・残時間数　　　　日　　時間		

(注1) 当日、電話などで申し出た場合は、出勤後すみやかに提出してください。
　　　3については、複数の日を一括して申し出る場合には、申し出る日をすべて記入してください。
(注2) 子の看護休暇の場合、取得できる日数は、小学校就学前の子が1人の場合は年5日、2人以上の場合は年10日となります。半日単位で取得できます。
　　　介護休暇の場合、取得できる日数は、対象となる家族が1人の場合は年5日、2人以上の場合は年10日となります。半日単位で取得できます。

社内様式8

〔育児・介護〕のための所定外労働制限申出書

　　　　　　　殿

　　　　　　　　　　　　　　　　　　〔申出日〕　　　年　月　日
　　　　　　　　　　　　　　　　　　〔申出者〕所属
　　　　　　　　　　　　　　　　　　　　　　　氏名

　私は、育児・介護休業等に関する規則に基づき、下記のとおり〔育児・介護〕のための所定外労働の制限の申出をします。

記

			〔育児〕	〔介護〕
1	申出に係る家族の状況	(1) 氏名		
		(2) 生年月日		
		(3) 本人との続柄		
		(4) 養子の場合、縁組成立の年月日		
		(5) (1)の子が、特別養子縁組の監護期間中の子・養子縁組里親に委託されている子・養育里親として委託された子の場合、その手続きが完了した年月日		
		(6) 介護を必要とする理由		
2	育児の場合、1の子が生まれていない場合の出産予定者の状況	(1) 氏名		
		(2) 出産予定日		
		(3) 本人との続柄		
3	制限の期間	年　月　日から　　年　月　日まで
4	申出に係る状況	制限開始予定日の1カ月前に申出をしている・いない→申出が遅れた理由 〔　　　　　　　　　　　　　　　　　〕

社内様式9

〔育児・介護〕のための時間外労働制限申出書

　　　　　　　殿

　　　　　　　　　　　　　　　　　　　　　〔申出日〕　　年　月　日
　　　　　　　　　　　　　　　　　　　　　〔申出者〕所属
　　　　　　　　　　　　　　　　　　　　　　　　　氏名

　私は、育児・介護休業等に関する規則に基づき、下記のとおり〔育児・介護〕のための時間外労働の制限の申出をします。

記

		〔育児〕	〔介護〕
1　申出に係る家族の状況	(1) 氏名		
	(2) 生年月日		
	(3) 本人との続柄		
	(4) 養子の場合、縁組成立の年月日		
	(5) (1) の子が、特別養子縁組の監護期間中の子・養子縁組里親に委託されている子・養育里親として委託された子の場合、その手続きが完了した年月日		
	(6) 介護を必要とする理由		
2　育児の場合、1の子が生まれていない場合の出産予定者の状況	(1) 氏名		
	(2) 出産予定日		
	(3) 本人との続柄		
3　制限の期間	年　月　　日から　　年　月　　日まで		
4　申出に係る状況	制限開始予定日の1カ月前に申出をしている・いない→申出が遅れた理由 〔　　　　　　　　　　　　　　　〕		

社内様式10

〔育児・介護〕のための深夜業制限申出書

　　　　　　　殿

　　　　　　　　　　　　　　　　　　　　　〔申出日〕　　年　月　日
　　　　　　　　　　　　　　　　　　　　　〔申出者〕所属
　　　　　　　　　　　　　　　　　　　　　　　　　　氏名

　私は、育児・介護休業等に関する規則に基づき、下記のとおり〔育児・介護〕のための深夜業の制限の申出をします。

記

		〔育児〕	〔介護〕
1　申出に係る家族の状況	(1) 氏名		
	(2) 生年月日		／
	(3) 本人との続柄		
	(4) 養子の場合、縁組成立の年月日		／
	(5) (1) の子が、特別養子縁組の監護期間中の子・養子縁組里親に委託されている子・養育里親として委託された子の場合、その手続きが完了した年月日		／
	(6) 介護を必要とする理由	／	
2　育児の場合、1の子が生まれていない場合の出産予定者の状況	(1) 氏名		
	(2) 出産予定日		
	(3) 本人との続柄		
3　制限の期間	年　月　日から　　年　月　日まで		
4　申出に係る状況	(1) 制限開始予定日の1カ月前に申出をしている・いない→申出が遅れた理由〔　　　　　　　　　〕 (2) 常態として1の子を保育できるまたは1の家族を介護できる16歳以上の同居の親族が 　　　いる・いない		

社内様式11

育児短時間勤務申出書

　　　　　　　　　殿

　　　　　　　　　　　　　　　　　　　　［申出日］　　　年　月　日
　　　　　　　　　　　　　　　　　　　　［申出者］所属
　　　　　　　　　　　　　　　　　　　　　　　　　氏名

私は、育児・介護休業等に関する規則に基づき、下記のとおり育児短時間勤務の申出をします。

記

1 短時間勤務に係る子の状況	(1) 氏名	
	(2) 生年月日	
	(3) 本人との続柄	
	(4) 養子の場合、縁組成立の年月日	
	(5) (1)の子が、特別養子縁組の監護期間中の子・養子縁組里親に委託されている子・養育里親として委託された子の場合、その手続きが完了した年月日	
2 1の子が生まれていない場合の出産予定者の状況	(1) 氏名	
	(2) 出産予定日	
	(3) 本人との続柄	
3 短時間勤務の期間	年　月　日から　　年　月　日	
	※　　時　分から　　時　分まで	
4 申出に係る状況	(1) 短時間勤務開始予定日の1カ月前に申し出て	いる・いない→申出が遅れた理由〔　　　　　　　　　　　　　〕
	(2) 1の子について短時間勤務の申出を撤回したことが	ない・ある 再度申出の理由〔　　　　　　　　　　　　　〕

(注) 3-※欄は、労働者が個々に労働する時間を申し出ることを認める制度である場合には、必要となります。

社内様式12

介護短時間勤務申出書

　　　　　　　　殿

　　　　　　　　　　　　　　　　　　　　［申出日］　　　年　月　日
　　　　　　　　　　　　　　　　　　　　［申出者］所属
　　　　　　　　　　　　　　　　　　　　　　　　　氏名

私は、育児・介護休業等に関する規則に基づき、下記のとおり介護短時間勤務の申出をします。

記

1 短時間勤務に係る家族の状況	(1) 氏名	
	(2) 本人との続柄	
	(3) 介護を必要とする理由	
2 短時間勤務の期間		年　月　日から　年　月　日まで
		※　　時　分から　時　　分まで □毎日　□その他〔　　　　　　　　　　〕
3 申出に係る状況	(1) 短時間勤務開始予定日の2週間前に申し出て	いる・いない→申出が遅れた理由 〔　　　　　　　　　　　〕
	(2) 1の家族について最初の介護短時間勤務を開始した年月日、およびこれまでの利用回数	［最初の開始年月日］ 　　　　　年　　月　　日 ［回数］ 　　　　　　　　回
	(3) 1の家族について介護短時間勤務の申出を撤回したことが	ない・ある（　　回） 既に2回連続して撤回した場合、再度申出の理由 〔　　　　　　　　　　　〕

（注）2-※欄は、労働者が個々に勤務しない日または時間を申し出ることを認める制度である場合には必要となります。

社内様式13

〔育児・介護〕短時間勤務取扱通知書

　　　　　　　　　　　殿

　　　　　　　　　　　　　　　　　　　　　　　　　　　年　　月　　日
　　　　　　　　　　　　　　　　　　　　　会社名

　あなたから　　年　　月　　日に〔育児・介護〕短時間勤務の申出がありました。育児・介護休業等に関する規則に基づき、その取扱いを下記のとおり通知します（ただし、期間の変更の申出があった場合には下記の事項の若干の変更があり得ます）。

記

1	短時間勤務の期間等	・適正な申出がされていましたので申出どおり　　年　　月　　日から　　年　　月　　日まで短時間勤務をしてください。 ・申し出た期日が遅かったので短時間勤務を開始する日を　　年　　月　　日にしてください。 ・あなたは以下の理由により対象者でないので短時間勤務をすることはできません。 〔　　　　　　　　　　　　　　　　　　　　　　　　　　　　　　　　〕 ・今回の措置により、介護短時間勤務ができる期限は、　　年　　月　　日までで、残り（　　）回になります。
2	短時間勤務期間の取扱い等	(1) 短時間勤務中の勤務時間は次のとおりとなります。 　　始業（　時　分）　終業（　時　分） 　　休憩時間（　時　分〜　時　分（　分）） (2)（産後1年以内の女性従業員の場合）上記のほか、育児時間1日2回30分の請求ができます。 (3) 短時間勤務中は原則として所定時間外労働は行わせません。 (4) 短時間勤務中の賃金は次のとおりとなります。 　　1　基本賃金 　　2　諸手当の額または計算方法 (5) 賞与の算定に当たっては、短縮した時間に対応する賞与は支給しません。 (6) 退職金の算定に当たっては、短時間勤務期間中も通常勤務をしたものとみなして計算します。
3	その他	お子さんを養育しなくなる、家族を介護しなくなる等あなたの勤務に重大な変更をもたらす事由が発生したときは、なるべくその日に　　　　　　　　課あて電話連絡をしてください。この場合の通常勤務の開始日については、事由発生後2週間以内の日を会社と話し合って決定していただきます。

社内様式14

育児目的休暇取得申出書

　　　　　　　殿

　　　　　　　　　　　　　　　　　　　　［申出日］　　　年　　月　　日
　　　　　　　　　　　　　　　　　　　　［申出者］所属
　　　　　　　　　　　　　　　　　　　　　　　　　氏名

私は、育児・介護休業等に関する規則に基づき、下記のとおり育児目的休暇取得の申出をします。

記

1. 取得日

　　　　　年　　月　　日（　曜日）から　　　年　　月　　日（　曜日）まで　　日間

（注1）当日、電話などで申し出た場合は、出勤後すみやかに提出してください。

※　こちらは参考様式です。
　　育児・介護休業法上、育児目的休暇について申出要件・手続きに定めはありません。

3．育児・介護休業等に関する労使協定の例

　　○○株式会社と□□労働組合は、○○株式会社における育児・介護休業等に関し、次のとおり協定する。

（育児休業の申出を拒むことができる従業員）
第1条　事業所長は、次の従業員から1歳（法定要件に該当する場合は1歳6カ月または2歳）に満たない子を養育するための育児休業の申出があったときは、その申出を拒むことができるものとする。
　　一　入社1年未満の従業員
　　二　申出の日から1年（法第5条第3項および第4項の申出にあっては6カ月）以内に雇用関係が終了することが明らかな従業員
　　三　1週間の所定労働日数が2日以下の従業員

（介護休業の申出を拒むことができる従業員）
第2条　事業所長は、次の従業員から介護休業の申出があったときは、その申出を拒むことができるものとする。
　　一　入社1年未満の従業員
　　二　申出の日から93日以内に雇用関係が終了することが明らかな従業員
　　三　1週間の所定労働日数が2日以下の従業員

（子の看護休暇、介護休暇を半日単位で取得する場合の時間数）
第3条　従業員のうち勤務時間が9時～17時45分の従業員が子の看護休暇、介護休暇を取得するときの取得の単位となる時間数は、始業時刻から3時間または終業時刻までの4時間45分とし、休暇1日当たりの時間数は、7時間45分とする。

（子の看護休暇の申出を拒むことができる従業員）
第4条　事業所長は、次の従業員から子の看護休暇の申出があったときは、その申出を拒むことができるものとする。
　　一　入社6カ月未満の従業員
　　二　1週間の所定労働日数が2日以下の従業員

（介護休暇の申出を拒むことができる従業員）
第5条　事業所長は、次の従業員から介護休暇の申出があったときは、その申出を拒むことができるものとする。
　　一　入社6カ月未満の従業員
　　二　1週間の所定労働日数が2日以下の従業員

（育児・介護のための所定外労働の制限の申出を拒むことができる従業員）
第6条　事業所長は、次の従業員から所定外労働の制限の申出があったときは、その申出を拒むことができるものとする。
　　一　入社1年未満の従業員
　　二　1週間の所定労働日数が2日以下の従業員

（育児短時間勤務の申出を拒むことができる従業員）
第7条　事業所長は、次の従業員から育児短時間勤務の申出があったときは、その申出を拒むことができるものとする。
　　一　入社1年未満の従業員
　　二　1週間の所定労働日数が2日以下の従業員

（介護短時間勤務の申出を拒むことができる従業員）
第8条　事業所長は、次の従業員から介護短時間勤務の申出があったときは、その申出を拒むことができるものとする。
　　一　入社1年未満の従業員
　　二　1週間の所定労働日数が2日以下の従業員

（従業員への通知）
第9条　事業所長は、第1条、第2条および第4条から第8条までのいずれかの規定により従業員の申出を拒むときは、その旨を従業員に通知するものとする。

（有効期間）
第10条　本協定の有効期間は、○年○月○日から○年○月○日までとする。ただし、有効期間満了の1カ月前までに、会社、組合いずれからも申出がないときには、さらに1年間有効期間を延長するものとし、以降も同様とする。

　　○年○月○日

　　　　　　○○株式会社　　代表取締役　○○○○　　　　印
　　　　　　□□労働組合　　執行委員長　○○○○　　　　印

4．妊産婦等の就業制限の業務の範囲

（表1）就業制限の業務の範囲

×…女性を就かせてはならない業務
△…女性が申し出た場合就かせてはならない業務
○…女性を就かせてもさしつかえない業務

女性労働基準規則第2条第1項	就業制限の内容			女性労働基準規則第2条第1項	就業制限の内容		
	妊婦	産婦	その他の女性		妊婦	産婦	その他の女性
1号　重量物を取り扱う業務　　（表2参照）	×	×	×	12号　岩石又は鉱物の破砕機又は粉砕機に材料を送給する業務	×	△	○
2号　ボイラーの取扱いの業務	×	△	○	13号　土砂が崩壊するおそれのある場所又は深さが5メートル以上の地穴における業務	×	○	○
3号　ボイラーの溶接の業務	×	△	○				
4号　つり上荷重が5トン以上のクレーン、デリック又は制限荷重が5トン以上の揚貨装置の運転の業務	×	△	○	14号　高さが5メートル以上の場所で、墜落により労働者が危害を受けるおそれのあるところにおける業務	×	○	○
5号　運転中の原動機又は原動機から中間軸までの動力伝導装置の掃除、給油、検査、修理又はベルトの掛換えの業務	×	△	○	15号　足場の組立て、解体又は変更の業務（地上又は床上における補助作業の業務を除く。）	×	△	○
6号　クレーン、デリック又は揚貨装置の玉掛けの業務（2人以上の者によって行う玉掛けの業務における補助作業の業務を除く。）	×	△	○	16号　胸高直径は35センチメートル以上の立木の伐採の業務	×	△	○
7号　動力により駆動される土木建築用機械又は船舶荷扱用機械の運転の業務	×	△	○	17号　機械集材装置、運材索道等を用いて行う木材の搬出の業務	×	△	○
8号　直径が25センチメートル以上の丸のこ盤（横切用丸のこ盤及び自動送り装置を有する丸のこ盤を除く。）又はのこ車の直径が75センチメートル以上の帯のこ盤（自動送り装置を有する帯のこ盤を除く。）に木材を送給する業務	×	△	○	18号　鉛、水銀、クロム、砒素、黄りん、弗素、塩素、シアン化水素、アニリンその他これらに準ずる有害物のガス、蒸気又は粉じんを発散する場所における業務	×	×	×
				19号　多量の高熱物体を取り扱う業務	×	△	○
9号　操車場の構内における軌道車両の入替え、連結又は解放の業務	×	△	○	20号　著しく暑熱な場所における業務	×	△	○
10号　蒸気又は圧縮空気により駆動されるプレス機械又は鍛造機械を用いて行う金属加工の業務	×	△	○	21号　多量の低温物体を取り扱う業務	×	△	○
				22号　著しく寒冷な場所における業務	×	△	○
11号　動力により駆動されるプレス機械、シャー等を用いて行う厚さが8ミリメートル以上の鋼板加工の業務	×	△	○	23号　異常気圧下における業務	×	△	○
				24号　さく岩機、鋲打機等身体に著しい振動を与える機械器具を用いて行う業務	×	×	×

（表2）下の表の左欄に掲げる年齢の区分に応じ、それぞれ右欄に掲げる重量以上の重量物を取り扱う業務

年　齢	重量（単位：kg）	
	断続作業	継続作業
満16歳未満	12	8
満16歳以上満18歳未満	25	15
満18歳以上	30	20

5．母性健康管理指導事項連絡カード

母性健康管理指導事項連絡カード

平成　　年　　月　　日

事 業 主 殿

医療機関等名＿＿＿＿＿＿＿＿＿＿＿＿＿＿

医師等氏名＿＿＿＿＿＿＿＿＿＿＿　　印

下記の1の者は、健康診査及び保健指導の結果、下記2～4の措置を講ずることが必要であると認めます。

記

1. 氏 名 等

氏名		妊娠週数		週	分娩予定日		年　　月　　日

2. 指導事項（該当する指導項目に○を付けてください。）

症状等		指導項目	標準措置
つわり	症状が著しい場合		勤務時間の短縮
妊娠悪阻			休業（入院加療）
妊娠貧血	Hb9g/dl以上11g/dl未満		負担の大きい作業の制限又は勤務時間の短縮
	Hb9g/dl未満		休業（自宅療養）
子宮内胎児発育遅延	軽　症		負担の大きい作業の制限又は勤務時間の短縮
	重　症		休業（自宅療養又は入院加療）
切迫流産（妊娠22週未満）			休業（自宅療養又は入院加療）
切迫早産（妊娠22週以後）			休業（自宅療養又は入院加療）
妊　娠　浮　腫	軽　症		負担の大きい作業、長時間の立作業、同一姿勢を強制される作業の制限又は勤務時間の短縮
	重　症		休業（入院加療）
妊　娠　蛋　白　尿	軽　症		負担の大きい作業、ストレス・緊張を多く感じる作業の制限又は勤務時間の短縮
	重　症		休業（入院加療）
妊娠高血圧症候群（妊娠中毒症）	高血圧が見られる場合　軽　症		負担の大きい作業、ストレス・緊張を多く感じる作業の制限又は勤務時間の短縮
	重　症		休業（入院加療）
	高血圧に蛋白尿を伴う場合　軽　症		負担の大きい作業、ストレス・緊張を多く感じる作業の制限又は勤務時間の短縮
	重　症		休業（入院加療）
妊娠前から持っている病気（妊娠により症状の悪化が見られる場合）	軽　症		負担の大きい作業の制限又は勤務時間の短縮
	重　症		休業（自宅療養又は入院加療）

第5章　巻末資料　297

症状等			指導項目	標準措置
妊娠中にかかりやすい病気	静脈瘤	症状が著しい場合		長時間の立作業、同一姿勢を強制される作業の制限又は横になっての休憩
	痔	症状が著しい場合		
	腰痛症	症状が著しい場合		長時間の立作業、腰に負担のかかる作業、同一姿勢を強制される作業の制限
	膀胱炎	軽 症		負担の大きい作業、長時間作業場所を離れることのできない作業、寒い場所での作業の制限
		重 症		休業（入院加療）
多胎妊娠（　　　　　胎）				必要に応じ、負担の大きい作業の制限又は勤務時間の短縮 多胎で特殊な例又は三胎以上の場合、特に慎重な管理が必要
産後の回復不全		軽 症		負担の大きい作業の制限又は勤務時間の短縮
		重 症		休業（自宅療養）

標準措置と異なる措置が必要である等の特記事項があれば記入してください。

3. 上記2の措置が必要な期間
（当面の予定期間に○を付けてください。）

1週間（ 月 日 ～ 月 日）	
2週間（ 月 日 ～ 月 日）	
4週間（ 月 日 ～ 月 日）	
その他（ ）	

4. その他指導事項
（措置が必要である場合は○を付けてください。）

妊娠中の通勤緩和の措置	
妊娠中の休憩に関する措置	

［記入上の注意］
(1) 「4．その他の指導事項」の「妊娠中の通勤緩和の措置」欄には、交通機関の混雑状況及び妊娠経過の状況にかんがみ、措置が必要な場合、○印をご記入下さい。
(2) 「4．その他の指導事項」の「妊娠中の休憩に関する措置」欄には、作業の状況及び妊娠経過の状況にかんがみ、休憩に関する措置が必要な場合、○印をご記入ください。

指導事項を守るための措置申請書

上記のとおり、医師等の指導事項に基づく措置を申請します。

　　平成　　　年　　月　　日

　　　　　　　　　　　　　　　　所 属＿＿＿＿＿＿＿＿＿＿＿＿＿＿

　　　　　　　　　　　　　　　　氏 名＿＿＿＿＿＿＿＿＿＿＿＿＿印

事 業 主 殿

この様式の「母性健康管理指導事項連絡カード」の欄には医師等が、また、「指導事項を守るための措置申請書」の欄には女性労働者が記入してください。

6．常時介護を必要とする状態に関する判断基準

　　介護休業は2週間以上の期間にわたり常時介護を必要とする状態にある対象家族を介護するための休業で、常時介護を必要とする状態については、以下の表を参照しつつ、判断することとなります。ただし、この基準に厳密に従うことにとらわれて労働者の介護休業の取得が制限されてしまわないように、介護をしている労働者の個々の事情にあわせて、なるべく労働者が仕事と介護を両立できるよう、事業主は柔軟に運用することが望まれます。

　「常時介護を必要とする状態」とは、以下の（1）または（2）のいずれかに該当する場合であること。
　（1）介護保険制度の要介護状態区分において要介護2以上であること。
　（2）状態①〜⑫のうち、2が2つ以上または3が1つ以上該当し、かつ、その状態が継続すると認められること。

項目 ＼ 状態	1 （注1）	2 （注2）	3
①座位保持（10分間一人で座っていることができる）	自分で可	支えてもらえればできる （注3）	できない
②歩行（立ち止まらず、座り込まずに5m程度歩くことができる）	つかまらないでできる	何かにつかまればできる	できない
③移乗（ベッドと車いす、車いすと便座の間を移るなどの乗り移りの動作）	自分で可	一部介助、見守り等が必要	全面的介助が必要
④水分・食事摂取（注4）	自分で可	一部介助、見守り等が必要	全面的介助が必要
⑤排泄	自分で可	一部介助、見守り等が必要	全面的介助が必要
⑥衣類の着脱	自分で可	一部介助、見守り等が必要	全面的介助が必要
⑦意思の伝達	できる	ときどきできない	できない
⑧外出すると戻れない	ない	ときどきある	ほとんど毎回ある
⑨物を壊したり衣類を破くことがある	ない	ときどきある	ほとんど毎日ある （注5）
⑩周囲の者が何らかの対応をとらなければならないほどの物忘れがある	ない	ときどきある	ほとんど毎日ある
⑪薬の内服	自分で可	一部介助、見守り等が必要	全面的介助が必要
⑫日常の意思決定（注6）	できる	本人に関する重要な意思決定はできない（注7）	ほとんどできない

（注1）各項目の1の状態中、「自分で可」には、福祉用具を使ったり、自分の手で支えて自分でできる場合も含む。
（注2）各項目の2の状態中、「見守り等」とは、常時の付き添いの必要がある「見守り」や、認知症高齢者等の場合に必要な行為の「確認」、「指示」、「声かけ」等のことである。
（注3）「①座位保持」の「支えてもらえればできる」には背もたれがあれば一人で座っていることができる場合も含む。
（注4）「④水分・食事摂取」の「見守り等」には動作を見守ることや、摂取する量の過小・過多の判断を支援する声かけを含む。
（注5）⑨3の状態（「物を壊したり衣類を破くことがほとんど毎日ある」）には「自分や他人を傷つけることがときどきある」状態を含む。

第5章　巻末資料　　299

(注6)「⑫日常の意思決定」とは毎日の暮らしにおける活動に関して意思決定ができる能力をいう。

(注7) 慣れ親しんだ日常生活に関する事項（見たいテレビ番組やその日の献立等）に関する意思決定はできるが、本人に関する重要な決定への合意等（ケアプランの作成への参加、治療方針への合意等）には、指示や支援を必要とすることをいう。

資料出所：「育児休業、介護休業等育児又は家族介護を行う労働者の福祉に関する法律の施行について」
（平28.8.2　職発0802第1・雇児発0802第3、最終改正：平29.9.29　雇均発0929第3）

■著者紹介

小磯　優子　　こいそ　ゆうこ

OURS小磯社会保険労務士法人代表社員
特定社会保険労務士
成蹊大学文学部日本文学科卒業。平成5年小磯社会保険労務士事務所（現OURS小磯
社会保険労務士法人）を設立。平成7〜21年資格取得予備校のTACにて社会保険労務
士講座専任講師。平成23年東京都社会保険労務士会（以下、東京会）渋谷支部支部長、
同27年東京会副会長に就任。企業の労務管理を中心とした相談業務に従事。
著書に、『改正育児・介護休業法の基本と実務早わかり』（共著、労務行政）ほか多数。

■執筆担当メンバー

高橋　克郎　　たかはし　かつろう

社会保険労務士　信用調査事業会社の人事部門勤務を経て、平成24年入所。

秋澤　康弘　　あきさわ　やすひろ

特定社会保険労務士　流通業、社会保険労務士事務所勤務を経て、平成18年入所。

中村　寿恵　　なかむら　としえ

特定社会保険労務士　人材関連企業勤務を経て、平成20年入所。

田中　双美　　たなか　ふたみ

特定社会保険労務士　社会保険労務士法人勤務を経て、平成24年入所。

カバー・本文デザイン／ISSIKI
印刷・製本／日経印刷株式会社

従業員の育児・介護の制度マニュアル

2018年11月15日　初版発行

編　者　OURS小磯社会保険労務士法人
発行所　株式会社 労務行政
　　　　〒141-0031　東京都品川区西五反田3-6-21
　　　　　　　　　　住友不動産西五反田ビル3階
　　　　TEL：03-3491-1231
　　　　FAX：03-3491-1299
　　　　https://www.rosei.jp/

ISBN978-4-8452-8351-4
定価はカバーに表示してあります。
本書内容の無断複写・転載を禁じます。
訂正が出ました場合、下記URLでお知らせします。
https://www.rosei.jp/static.php?p=teisei